知的生きかた文庫

# “迷わない心”をつくる論語100選

境野勝悟

JN286835

三笠書房

# はじめに――「いま、何をすべきか」を教えてくれる論語の言葉

ずーっと、二千年も前から今日まで、「論語」は、なぜ、すごく人気があるのか。世界のどこの国でも、遠い昔から、たくさんの人が、興味をひかれつづけている。時を超え、場所を変え、いつでも、どこでも、「論語」は、人の胸を深く打つ。「論語」のたった一言が、人の心をひきつけて、離さない。「論語」は、人生学の世界遺産である。

「論語」の作者・孔子（前五五二－前四七九）は、うっかりすると、貴族のような財力と名声をほしいままにした人のように、思ってしまう。が、実は、貧しさゆえに、蔑《さげす》まされた家庭に育った。

かれが、三歳のとき、父が他界した。母も十三歳のとき、他界した。両親を失って、

早朝から日没にかけ、懸命に農業に励んだけれど、いっこうに貧困から、逃れられなかった。

貧しさゆえに、つらい思いを重ねながら、困惑の生活の真っ只中で、けっして他人に引きずられることなく、一人の人間として、しっかり自立して生きる人生学を、ひたすら、学び、実践した。その言行録が、「論語」である。

「論語」は、短い言葉が特に章立ても順番もなく並んでいる。二十篇に分けられ、学而、為政、などの篇名がついているが、これも、ただその篇のはじめの二文字をとっただけのもので、だから、どこから読まなければならないということもない。

本書では、「論語」の中でも「これだけはぜひ知っていただきたい」という「徳、仁、礼、道」などの肝心な点をご説明申しあげた。

「論語」は、現代の人が、うつむきがちなこの世の中を、はつらつと胸を張って生きていくための、「実用書」である。

あなたが古くからの友人と久しぶりに会って、大いに話が盛りあがり、友人の経験談から思わぬ生活の知恵をたくさんもらうように、孔子は、「論語」を通して、あなたに自分の経験や考えを親しく語りかけてくれている。

「論語」の中には、あなたが人生のさまざまな場面で迷ったときに、「いま、何を考え、どう行動すべきか」を教えてくれる言葉が、たくさん、ある。

境野勝悟

# 目次

## 第1章 もっと自由な生き方ができる「論語」

## 第2章 小さな自分を大きく変える「論語」

## 第3章 人間関係の悩みに効く「論語」

# 第4章
## 〝寛大な心〟をつくる「論語」

## 第5章 恐れや不安が小さくなる「論語」

## 第6章

# 人間的魅力を育てる「論語」

# 第7章



## 座右の銘にしたい「論語」

編集協力／岩下賢作
本文DTP／株式会社 Sun Fuerza

# 第1章

# もっと自由な生き方ができる「論語」

# 1 「言葉」を大切にする

――「巧言令色《こうげんれいしょく》、鮮《すくな》いかな仁《じん》」(学而《がくじ》)

## ◆受け売りの言葉、見せかけの言葉を使っていないか

中学校の校長室に、よく、生徒の心得が書かれている。一つ、自分の考えをしっかり持とう。二つ、自分の考えを、うまく発表できるようにしよう。

いまの中学生は、実に、うまくしゃべる。わたしたちの時代の中学生は、一般に、人前では、そんなにうまくは話せず、ほとんどが、もじもじしていた。自分の考えなど、あまり持っていなかった。

小学生や中学生が、自分の考えを強く持ってハキハキと明確に発表する。それはそ

れでけっこうなことである。聞いてみれば、なかなか立派な意見をいうし、拍手も送ってあげたい。が、かれらの考えには、まったく体験的な裏づけがない場合が多い。その考えが、現実的なものかどうか。また、本当に自分の考えかどうかの自省がまったく感じられない。ただ聞きかじったものをまとめて、それを自分の「考え」と錯覚し、その考え通りにいかないと、プッツンする。

口先ばかりでうまいことをいわせようとする教育に、どれだけの価値があるというのか。

「巧言令色、鮮いかな仁」は、孔子の名言である。巧言令色とは、人をうまくだますような、ずるがしこい発言。とんでもない悪いことをしているのに、いかにも人のためになっているような、見せかけだけの発言。人を偽りあざむく発言をする者は、人間一人ひとりが、宇宙と一つの生命を持った、いかにすばらしい存在かを知らない。

人と人とが出会うくらい、不思議なことはない。いつ、だれと、どこで出会うか。そして、人は出会ったすべての人と交際をしているわけでもない。

人と人とが結びつくとき、一番大切なのは、言葉である。はじめて交わした言葉一つで、親しい友となったり、ほとんど見知らぬ他人となったりするのだ。

# 2 考えすぎない

## ――「再びせば斯《こ》れ可なり」（公冶長《こうやちょう》）

◆**物事を大局的にとらえるためには**

孔子の弟子に、季文子《きぶんし》という人がいた。かれは、幼いころから学問に励み、たくさんの知識を頭の中につめ込んでいた。かれは、魯《ろ》の国の家老（大勢の武士たちをまとめる役）にまでなった。そして、何か事件が発生すると、その解決のために、自分が得た歴史や経済や哲学の学問をひもといて、その才智を振りしぼり、熟慮に熟慮を重ねた。が、なかなかうまく事件を解決することができなかった。

季文子のまわりにいた家老や重役が、不思議に思った。「あんなに学識もあり、ことがらを細かく深く分析し、整理してから行動しているのに、どうして、事件がなかなかうまく解決しないで行きづまってしまうのだろうか」……と。

季文子本人も、実は、そのことにひどく悩み、ある日、孔子にこう質問した。

「わたしは、つねに『三たび思いて而《しか》る後に行』なっているのに……いや、三たびどころか、五たびも十たびも考え直し、練り直してから事を行なっているのですが、なかなか思うように事が運ばず、充実した結果が出てこないのです。なぜでしょうか」

孔子は、答えた。「再びせば斯れ可なり」……と。きみは、考えすぎなのだ。二度くらい考え直せば、けっこうだね。あまり考え直していると、細かいところだけ神経が働いて、ものを大局的にとらえることができなくなって、現実的でないことをするから、事がうまく収まらないのだよ……。

あれこれと考えすぎているうちに、心配ばかりがふくらんで、精神力が萎《な》えてくるものだ。頭ばかり使っていると、決断力がなくなる。実践力も落ちてくる。だんだん、厳しい現実と立ち向かっていく勇気さえ失ってしまう。

ことわざに「下手の考え休むに似たり」がある。長い間考えるというのは、とかく時間の浪費で、何の効果もない。まず、一歩、思いきって踏み出す。

# 3 「絶対正しい」を求めない

——「仁能《よ》く之《これ》を守らざれば、必ず之を失う」（衛霊公《えいれいこう》）

## ◆「いい加減」にしておく

わたしたちは、日ごろ、右か左か、どちらかに割りきって、しっかりと一つを決定しなくては、気分が治まらなくなってきている。そして、それを決定するときに、なぜ右なのか、なぜ左なのか、その理由をうまく見つけなくてはならない。

二つのうち、どちらかを決定する議論をして、相手を打ちのめすには、どうしても豊かな知識がいる。広範囲にわたる情報がいる。現代人は、好むと好まざるによらず、知識と情報を、テレビ、新聞、雑誌、インターネットに求め、いつでも、AかBか、二つのうち一つに決められるように、無意識のうちに準備している。が、この一つに割りきってしまうという考え方が、どんなに、人間関係を険悪にしているか、わかっていない。よく考えてみれば、Aにも長所もあるし短所もある。Bにもいい点もあるし悪い点もあるのだ。自分の考えが絶対正しいと思っている人は、そこが見えない。

「仁能く之を守らざれば、必ず之を失う」——相手を思いやることができず、いつも自分の考えだけが「絶対に正しい」と思っている人は、いつしか孤立してしまう。

わたしが「いい加減」の説明をしたら、アメリカの神父さんが「ああ、それは英語でいうと〝フェア〟だ」といった。

「いや〝フェア〟というのは〝フェアプレイ〟のように、すばらしいとか完全という意味ではないのですか」といい返したところ、

「フェアとは、まあまあとか、どうやらこうやらとか、まあ大体そんなところでいいという意味だよ。ジェントルマンは、フェアでなければいけない。ジェントルマンはあまりガリ勉をして、いい成績をとってはいけない。何事もいい加減にするのが、ジェントルマンさ」と。

# 4 苦しみの中に楽しみを見出す

――「知者は、楽しむ」（雍也《ようや》）

## ◆「無理」が悩みの種になる

たいていの人は、何かにつけてブツブツと不平不満をいいながら、自分の毎日の生活をどれほど傷つけているかを知らない。自分自身に対する不平不満であっても、他人に対する不平不満であっても、自分の脳はその言葉をよく記憶しているので、いつしか脳の中が不平不満のゴミの山となる。つねに不平不満をいっている人は、不健康だし、寿命も短いといわれている。

早朝、散歩している老人が、万歩計とストップウォッチを腰につけて、ほとんど走るような勢いで、ぐっしょりと汗をかいて、スタスタと脇目も振らず目的地に向かっていく。目的地にたどり着くや、万歩計を眺めて「ああ、今朝はまだ七千歩しか歩いてない」「、ストップウォッチを見て「時間も、いつもより三十秒遅い」と、厳しい顔つきをして、不平不満を口にしている。

孔子の名高い言葉に、

「過ぎたるは、猶《な》お及ばざるがごとし」（先進《せんしん》）

がある。

やりすぎるよりは、やりすぎないで、少し手前で止まる方がよい……と、いうのである。進みすぎるよりは、ちょっと手前でストップする方がよい。自動車を運転しているときでもそうだろう。進みすぎたら事故を起こす。体力の限界を超えてまで、汗をかいて無理に頑張ろうとするから、人生が苦しみとなる。無理なことは、頑張ってやる必要はない。すべては、無理が悩みの種となる。

不平不満をいいながら人生を終える人は、知恵の足りない人だ。

孔子は「知者は、楽しむ」といっている。どんな絶望のときも、無理さえしなければ必ず楽しみを見つけられる。

# 5 困ったときこそ笑ってみる

――「楽しみて、然《しか》る後に笑う」（憲問《けんもん》）

### ◆人生をうまく生きるには、難しい哲学はいらない

人生は、たった一回しかない。一回こっきりの人生が終わったら、再び、人間としてこの世の中に生きることはできない。

宇宙の生命の中で、わたしたち人間ほど、たくさんの宝をもらって生きているものはいない。宇宙が人に与えてくれたその宝の中で、もっとも貴重なものは、「楽しむことができる」という能力だ。そして、もう一つ。「楽しみて、然る後に笑う」――楽しんだ後で「笑うことができる」という能力なのだ。

人は、笑えば笑うほど、元気になる。人は、楽しめば楽しむほど、幸せな気持ちになれる。人生をうまく生きるには、さほど難しい哲学はいらない。大いに楽しんで、思いきって笑って生活していればよい。

反対に、「ああ、疲れた」「ああ、面白くない」「ああ、つまらない」と、ボヤけばボヤくだけ、しょぼくれる。

孔子の言葉に「笑うことを厭《いと》わず」がある。「忙しくて、笑っている暇なんかないッ」では、困る。「笑う門には福来る」を、自分の生活で、しっかり実践したい。

バウムクーヘン屋さんで、とてもはやっている店がある。どこの出店にもたくさんの人が並んでいる。その中にも、いろいろな人がいる。

「おい、早くしてくれよ。新幹線の時間に間に合わないぞ」

と、いらいらして怒っている人。

「うえッ。この間はこんなに長い行列じゃなかった。ついてないね、今日は……」

と、くよくよしている人。

「ほら、ごらんなさい。やっぱりおいしいのよ。こんなに並んでいるわ」

と、ニコニコ笑っている人……。

# 6 「他人の評価」は受け流す

## ――「楽しみて以《もっ》て憂《うれ》いを忘る」(述而《じゅつじ》)

### ◆楽しむことの下手な人は、責任感が強すぎる人

いくらまじめに頑張っても、日ごとに、新しい苦しみや悩みが、押し寄せてくる。ああ、やっと一難去った、と思うや、すぐ、心配や悲しみやグチが出てくる。

滝に入ったところで、坐禅をくんだところで、病んだ心がすぐさま晴れることはない。「カーッ」と怒鳴って、嘆きや憂いを吹き飛ばせッ……といわれて、「カーッ」と思いきって大声を張りあげても、大した効果はないのだ。

しかも、悩みはそのまま放っておくと、知らないうちに、どんどん大きく深くなっ

てくる。困ったものだ。

孔子は「楽しみて以て憂いを忘る」と、いっている。

心配ごとや悩みをなくすには、別に、難しい修行はいらない。人生に楽しむときをつくることだ。自分の生活の中に、少しでも多く楽しむときをつくれば、憂いはなくなる。

楽しむには、必ずしもお金はいらない。もしお金がないなら、水の美しい流れとせせらぎの音を楽しめばいい。緑の山に流れる雲の姿を楽しめばいい。それができるというのが、人の知恵である。

楽しむことの下手な人は、とかく、責任感の強すぎる人が多い。責任感というものは、社会生活の上で必要な倫理には違いないが、極端に完璧主義の人は、責任感のために、つねに重いプレッシャーを肩に感じ、生きている楽しみを忘れてしまう。

さらに完璧主義の人は、とかく、他人が自分をどう見るかを気にしすぎている場合が、ほとんどだ。

人の目を受け流すことができないと、悩みがたまる。

そんなときには、波立つ大海原に両手をかざして、絶え間ない波音を楽しんでみる。

# 7 まずは自分が幸せになる

——「貧と賤とは、これ人の悪《にく》む所なり」(里仁《りじん》)

### ◆貧しくみじめな生活では、人にもやさしくできない

わたしは小学一年のときに、世の中の厳しさを、いやというほど痛感した。田舎にしては大きな商売をしていた父は、困っている人、貧しい人の面倒を、とてもよく見ていて、新聞にも「親切なお米屋さん」と写真入りで掲載されたりしていた。しかし突然、その父が他界した。その上サギに引っかかって、破産した。

すると、いままでは、ニコニコ笑って親切にしてくれていた近所の子どもたちが、急に威張り出した。嫉妬が意地悪に変わると、恐ろしい。土手を自転車に乗って走っ

ていると、五、六人の友だちが、わいわいやってきて、力を合わせて自転車を引っくり返し、自転車もろとも、わたしを田んぼに突き落とした。ブランコに乗せられ、みんなに力まかせに振られ、頭から落とされた。大きな石をぶっつけられて、口も切れた。

貧しくみじめな身分になったとき、はじめて、友だちの心の底がわかる、と思った。貧乏になると、びくびく生きていかなくてはならない。元気な気持ちが腐ってくる。やっぱりある程度までは、豊かに暮らしたい。

孔子は、「貧と賤とは、これ人の悪む所なり」と、いっている。人というものは、貧乏で生活に困ると、とかく他人から無礼を受け、何かと人を恨みがちになる。「論語」というと、何となく、貧に甘んじて生きることが、わきまえのある生き方のように思っている人も多いが、実はそうではない。

「倉廩実《そうりんみ》ちて、則《すなわ》ち礼節を知る」

これは、管子《かんし》の言葉である。

倉の中に品物が豊富になり、経済生活が豊かになってくると、人ははじめて礼節を知る……と。

# 8 求めすぎない

――「富《とみ》と貴《たつと》きとは、是《こ》れ人の欲する所なり」（里仁）

## ◆「求める」こと自体は悪いことではない

お金があれば、欲しいものが買える。欲しいものが買えれば、ああ、嬉しい……と思う。この「ああ、嬉しい」という気持ちがあればあるほど、人生は、幸福なのだ。

地位があがれば、だんだん、自分に自信が持てるようになる。自信が持てると、毎日の生活に活気が出てくる。活気が出てくると、仕事は充実してくる。

孔子は、

「富と貴きとは、是れ人の欲する所なり」

と、いっている。

もし、富を求める心、豊かさを求める心がなくなったら、二、三日でこの世の中は、活気を失い、死んだようになってしまうだろう。

人に、ああしたい、こうしたい、ああなりたい、こうなりたい、という欲望があるから、人生が、どんどん幸福になっていくのだ。欲望を悪いとするのは、頭から人生の幸福を否定するものだ。

禅僧である道元《どうげん》（一二〇〇－五三）の言葉に、

「多欲の人は、多く利を求むるが故に、苦悩も亦《また》多し」

とある。経済的な豊かさを求めることは、けっして悪いことではない。仕事を頑張って、その頑張ったことへの報酬をもらう。こんなに嬉しいことはないのだ。

道元は、多欲がいけないのだ、という。もっと、もっとと際限なく富貴《ふうき》を求めると、それにつれて、必ず苦しみと悩みが増加する。苦悩がふえるどころか、風船をふくらませすぎたように、人生がパチンと消える。

とにかく、注意しなくてはならないのは、欲望にはキリがない、という点だ。自分の力以上の欲望を満たそうと、見栄を張り続ける人間には、幸福はない。

# 9 マイペースであわてず生きる

## ――「一簞《いったん》の食《し》、一瓢《いっぴょう》の飲《いん》」（雍也）

### ◆孔子が並みいる弟子の中で顔回を認めた理由

どんなことでも、慣れると、少しずつ落ち着くものだ。貧乏も、長い間続いていると、落ち着きそうなものだ。が、貧乏だけは、慣れれば慣れるほど、倦《あ》き倦きしてしまうものだ。その上、貧乏が劣等感を植えつけ、心がひねくれてくる。何とか、こんなみじめな貧乏生活から脱出したい、と、いつでも念じるようになる。

孔子の弟子は、三千人。そのうち優秀な修行者が、七十二人いた。中でも、孔子の正当な弟子として認められていたのは、たったひとり。顔回《がんかい》という人であった。顔回

の生活ぶりは、

「一簞の食、一瓢の飲。陋巷《ろうこう》に在り……」

であった。

顔回は、一わんの飯と、ひさご一杯の汁をすすり、せまい路地裏で生活していた。そこに住む多くの人は、その苦労に耐えきれないで、暗い顔を向き合わせては、文句ばかりいい合っていた。顔回ひとり、貧しい生活の中に、人間が徳の世界に生きる真の価値を、一途《いちず》に発覚させていった。孔子は、顔回を、最高の弟子とした。

貧しさ……それは、だれもが嫌うところである。が、自分がいかに努力しても、時の流れで、だれもが貧しくなることもある。

経済の流れが鈍化してくると、仕事が少なくなって、暇ができるということもあろう。その暇をうまく使って、趣味に生きる。坐禅でもくんで、修養に努め、自己の養生を楽しむ。

孔子は、

「貧しくして、道を楽しむ」（学而）

と、いっている。貧乏になっても、慌てることはない。自己完成に、励む。

# 10 「あきらめる力」を磨く

——「学者は己《おの》れのためにす」（憲問）

## ◆学問をするのは、「強い自分」をつくるため

いい中学とは、いい高校に合格できる中学。いい高校とは、いい大学に合格できる高校。いい大学とは、いい会社に就職できる大学。いい会社とは、いい待遇をしてくれる会社。では、いい待遇とは、何か。いい給料をくれることではなかったか。

もちろん、自分の才能を伸ばせる会社に就職して、充実した人生を送っている人もいる。が、それは、ごくわずか。現代は、お金を得るために勉強している人の何と多いことか。

人間も、他の動物たちも、生命を保つために働く。だから、人間が生きるためにお金を欲しがるのは当然だ。身につけた学問でお金を稼ぐのは、悪いことではない。

ただし孔子は、勉強の目標を、次のごとく明らかにする。

「学者は己れのためにす」

学問というものは、自分の心の修養のために、富があっても、貧しくても、一生涯し続けなくてはならない……と。

自分の心の安心のために、学問をするのである。安定した精神のよりどころを得るために、修養し続けるのである。

一口に「心の修養」というが、いったい、心の修養の眼目は、どこにあるのであろうか。実は、あらゆる心の修養の目的は、執着から解放されることである。言葉をかえると「とらわれない」ということだ。

お金は、何よりも大切なものだ。が、お金にとらわれてはいけない。

とらわれなければ、「あきらめる」ことができる。あきらめさえすれば、すべての悩みや苦しみは、燃えさかる火の中に舞い込んだひとひらの雪のように、あっという間に消えてしまう。

# 11 「自分から動く」のを忘れない

――「知者は動く」（雍也）

## ◆痛い目にあう、という知者の楽しみ

ケイタイ電話、パソコンぐらい便利なものはない。ちょっと電車が遅れたり、車が渋滞したりして、相手との約束時間に間に合わないときも、

「あ、すみません。ちょっと遅れます」

と告げて、ポチッとスイッチを押しておけば、ハラハラしないですむ。

以前は、ああ、こんな古本が欲しいと思ったら、神田へ行った。一時間も二時間もかけて、密集している古本屋さんを一軒一軒回り、お目当ての古本を探した。時に、

二日も三日も通ったりした。

パソコンは、ありがたいことに、クリックさえすれば、その古本が、いま、どこの店とどこの店にあって、価格はどうなっているのかまで、あっという間にわかる。しかも、わざわざ店に出かける必要はない。店に電話をかければ、翌朝宅配されてくる。

わたしたちの生活様式は、まことに大きく変化してきた。スピード感あふれる時代となって、便利きわまる生活を毎日送ることができる。が、このスピード感と便利さが、人の心にも大きな影響をもたらす。

「知者は動く」

人間は、まず行動をして、「ああ、痛い目にあった」とか、「ああ、うまくいってよかった」とか、「ああ、もうこれからはこんなことはやめよう」と、体でしっかりと経験して、成功も失敗もいくどもいくども繰り返して、自分を成長させていくのである。知者の楽しみは、行動による自己の養成である。

約束の時間に遅れ、相手に叱られて、遅刻しないようになる。あちこち古本屋をあさって、思わぬ古本の宝探しの名人となる。

便利さの中でも、「動く」ことを忘れないことだ。

# 12 「競争」から降りてみる

――「吾《わ》が道は一《いつ》、以て之《これ》を貫く」(里仁)

## ◆孔子が一生をかけて行なったこと

人は生きている限り、何らかの形で、競争している。学校では、成績を競い合った。友情を失って、合格するか否かで、受験の勝負をした。会社へ入るにも、地獄の争い。入ってからは、もっとむごく、もっと厳しい競争。財産と地位でも負けたくはなかった。一生をいつでも競争で悩み、勝負で苦しみ、楽なときは、いささかもなかった。と、多くの現代人がつぶやく。

孔子は、

「吾が道は一、以て之を貫く」

と、喝破《かつぱ》する。自分が一生を通して行なったことは、たった一つである、と。

では、その一つとは何か。曾子《そうし》というお弟子さんは、こういっている。

「孔子先生が、つねに一貫して行なっていたことは、忠《ちゅう》（人と誠実につき合う）と恕《じょ》（人を思いやる）であった」……と。

自分が富んで豊かなときも、貧のどん底にあるときも、貴い地位にいるときも、無位になってしまったときも、「忠恕《ちゅうじょ》」のまごころ一つで生き抜く。

競争、競争で打ち勝った人は、四十代を過ぎたころから、短気になる人が多い。競争に勝ってきた人は、「オレは正しい」という観念が強い。もう一つ、相手は、ほとんどが自分の敵だと思ってしまっている。

三十代は、体力も能力も優れているから、いわゆる大人の対応をして生きられる。四十代、五十代になると、急に体が動かなくなったり、忘れっぽくなったりして、思わぬ失敗をする。

若いうちから、いつも人を思いやって、誠実に仲よく友とつき合う修練をしていないと、そんなとき、自分を制御できず、キレる。

# 第2章

# 小さな自分を大きく変える「論語」

# 13 無理に仲良くしない

――「天、徳を予《われ》に生ぜり」（述而《じゅつじ》）

## ◆天徳、地徳、人徳とは何か？

徳とは、自然や宇宙の生成力である。徳には、天徳、地徳、人徳の三つがある。そのうち、もっとも偉大なものは天徳である。天、つまり宇宙の生成力そのものである。生成力とは、ものを生み育て、ものを変化させ、ものを運行する力である。化育力ともいう。

太陽がキラキラ輝き、月も地球も火星も金星も、そのまわりを、決められた速度で、決められたコースをめぐっている。これは、だれの力によるのか。天徳の力による。

この天徳が、地球の自然に働いて、「地徳」となる。つまり、大自然の生成力となる。山に緑がしげり、川が流れ、川には魚が泳ぎ、空気が流れて風となり、美しい花が咲き、おいしい実がなる。これは、宇宙の生成力が地球の自然の中で働いてくれている「地徳」である。

また天徳が、人間に働いて「人徳」となる。孔子は「天、徳を予に生ぜり」という。美しい花が見られる。かぐわしい香が嗅《か》げる。ケーキを食べればうまい。音楽を聴いて楽しむ。歩く、立つ……これはみんな、天の生成力が人間の中で働いているのだ。

同じ自然の生成力で生きているのだから、お互いに相手を認め、つながりを密にしたい。が、現実の問題として、自分を強引に支配しようとしたり、意地悪なことをしかけたり、だましたりする人もけっこういる。一緒にいても少しも楽しくない。こんな合わない人と、無理に仲のよい人間関係を保つための努力をし続けていたら、自分はヘトヘトに疲れる。

そんなときには、その人をサッパリ捨ててみる。それは仕方のないことだ。

ただ、そのときに相手を恨むのはやめる。みんな同じ自然の生成力で生きているのだから、許す。

# 14 自分の考えを「過信」しない

――「君子は、徳を懐《おも》う」(里仁《りじん》)

## ◆あなたは周りに生かされている

あなたの人生をつくっているのは、あなたの頭の中に湧いてくる考えである。あなたの人生は、あなたの考えによって、展開してきた。現代人は、神や仏への信仰はしなくなったが、その代わり自分の考えを信仰している。

一億、二億の人が、みんな自分の考えに執着して、なかなか相手の考えを受け入れない。ちょっぴりでも考えが違うと、もう、相手の考えに納得できない。

自分の考えを大切にするのは、けっこうだが、自分の考えだけが絶対であると思うのは、すこぶる危険である。

もし、自分よりも強力なものに、自分の考えを打ち砕かれると、心が病み、憂鬱になり、閉じこもってしまったり、暴走したりする。

「君子は、徳を懐う」と孔子はいう。人間の「考え」を軽視はしないが、自分の考えではとても及ばない、目に見えない偉大な力によって生きているという事実を、こざかしい常識を捨てて、見直しなさい……と。

この世界は、けっして、人間だけで生きているわけではない。あらゆる生命を生かしているのは、「考え」ではない。あらゆる生命のもとは、自然の生成力（徳）である。

若いころ、わたしは、自分の生命が宇宙と同じ生命だといわれても、まったく信じなかった。そんなはずはない。自分の生命は自分のものであって、他の何物でもないと、考えていた。が、よく考えてみると、父のその父、その父のまた父……。母の母、その母の母……。とつながって生きつがれてきたのだ。その生命を生み、育て、継続させたのは、太陽であり、空気であり、水であり、熱であり、大地自然であり……これをひとまとめにすれば、宇宙の生成力であった。

その恵みを一切忘れ果てて、人間だけが王者のように思ってはならない。

# 15 「いまあるもの」に心から感謝する

――「徳を知る者は鮮《すくな》し」（衛霊公《えいれいこう》）

◆「宇宙がけしからんッと、怒っているぞ」

「人徳」とは、人間が自然から得たものである。徳とは、「得」なのである。自然からもらったものなのである。

「徳とは身に得《う》ることとなり」

これは、名高い「韓非子《かんぴし》」の言葉である。徳とは、天から自分の体に得た生命であると。わたしたちの日常の生命活動は、すべて、天徳（自然・宇宙の生成力）によっている。

夜になれば、寝る。朝になれば、食べる。食べれば、胃が消化する。腸が栄養分をとって、エネルギーを体全体に働かせる。血が運行する。筋肉が力をたくましくする。その筋肉だって、前頭筋、後頭筋、眼輪筋、口輪筋、笑筋、三角筋、大胸筋……と三百種以上の筋肉が働いて、笑ったり、泣いたりしている。

これらの働きと肉体を、いったい、だれが生成し、運行していると思っているのか。自然から得た生命力でやっているのに決まっている。これは、理屈ではない。事実なのだ。それなのに、生きている間にその偉大な力に一度も感謝しない。

「徳を知る者は鮮し」――宇宙が、けしからんッと、怒っているぞ。

わたしたち人間は、男女が結婚をして子どもをつくっている。人間の男女という存在は、まことに貴重である。が、人間の力だけでは、赤ちゃんはつくれないことを考えてほしい。

わたしたちは、毎日、自分の体力と能力を総動員して社会生活を送って、他の動物には手の届かない豊かな人生をまっとうしている。が、くどいようだが、空気がなくては生きていけない。太陽の光がなくては、伸びていけない。そのことに気がつかず$CO_2$で天空に穴をあけているから「無礼なことをするなあッ」と、宇宙がむかつくのだ。

# 16 太陽の光をいっぱい浴びる

――「徳を執《と》ること弘《ひろ》からず」（子張《しちょう》）

## ◆「見えない、わからない、つかめない」力

徳とは、宇宙の生成力である。この広い大宇宙に満ちあふれ、ものを生み、ものを変化させる偉大なる生命源である。

徳のでっかい力は、目には見えない。肌で感じられない。どこでどう働いているのか、人間には、まったくわからない。見えない。わからない。つかめない。

しかし、事実、この偉大なる力がある。この力がなければ、宇宙の運転はない。この力がなければ自然の美しい変化もない。この力がなければ、生きとし生けるものは、

あッという間に、全滅する。が、この力には、名をつけられない。何といっていいのか、わからない。あるにはあるが、名がない。

現代の科学者たちは、この偉大なる宇宙の生成者に対して、「サムシング・グレート」と、仮に名づけている。「何かわからないが、偉大な力」という意味なのだ。孔子は、これを、仮に「徳」とか「直」といっているにすぎない。

この徳を、堅苦しい世間のしかめっつらをした「道徳」などと理解しては、困る。徳は、人間の倫理よりも、もっと広く、もっと大きく、かつ、強烈な力である。

この宇宙や大自然の生成力を、大空に両手をかかげ、この身にいっぱい受けて生きていると、不思議と悩みと苦しみが消えていく。これは、理屈ではない。宗教でもない。宇宙や大自然の中で生きていることを実感し、感謝すると、実は、自分の中に眠っていた宇宙の生成力が目覚めるのである。そして、少しずつ、自分の生きる機能を高めてくれる。

「徳を執ること弘からず」

孔子は、この宇宙の恵みを広く大きく身に受けて感謝しないと、苦悩の多い人生になると、忠告する。

# 17 「ありがとう」を忘れない

――「富貴《ふうき》天に在り」(顔淵《がんえん》)

### ◆なぜ「成功うつ」になるのか?

すばらしい着想を頭の中に浮かべ、頭をいつもひらめかせて、つねに集中して仕事にあたり、積極的に汗をかいて努力したからこそ、自分は、この富と、貴い地位を得たのである。この成果は、すべて自分の努力一つによったものである……。つい、いつの間にか、胸を張って、威張り出す。

人間とは、まことに、ちっぽけである。

実は、宇宙の生成力は、人間の体のすみずみに、活々と生きている。人間は、宇宙の活動体である。着想を浮かべるのも、宇宙の力。頭のひらめきも、宇宙の力による。

人間は、それを、自分の力だと錯覚するから、ちょっと金を儲けたり、ちょっと地位が得られたりすると、もう傲慢になって、「オレが、オレが……」と自慢ばかりいい出す。まったく、格好が悪い。

自分がこうして富を得られたのも、名誉ある地位につけたのも、一切合切が自然の力、つまり、徳の力だと感謝できる人が、「徳の人」。自分だけの努力だと思い込み、宇宙の生成力に感謝できない人を、「不徳の人」という。

「富貴天に在り」

孔子は、富貴は、すべて天命によると主張する。が、一般に財貨を多く得たり、思いのほか位の高い名誉を受けたりしたら、まずは、自分が成功を夢見て努力を重ねたから、その夢が実現できた、と思う。

それは、その通りなのだ。

問題なのは、富貴さえ得たら、手放しで喜べる幸福がやってきたかどうかという点だ。社会的成功を収めたのに、自分は不幸だと思って「成功うつ」になる人は大勢いる。財貨や名誉を受けたのは天命の力であると感謝をすれば、「うつ」は治る。

# ⑱ いいとか、悪いとか、とらわれない

――「徳の脩《おさ》めざる、是れ吾が憂《うれ》いなり」（述而）

## ◆まじめな人ほど考えや思想が固着する

自分の考えや思想を大切に守って生きていくことは、大事なことには違いない。ただし、それを大切に守っているだけならいいが、他人に対してそれを主張しはじめると、当然相手にも考えや思想があるはずなので、だんだん、食い違いが出てきて、お互いが孤立し、ひとりぼっちのさびしさを味わうことになる。

自分の考えや思想を持っていても、それを振り回したり、相手に押しつけたりしなければいいのである。が、まじめな人ほど勉強を積むごとに、考えや思想が固着して

しまい、相手の考えや思想を受け入れる寛大さを失って、孤独感に拍車をかけられることになる。他人と協調することができなくなる。

そこで、もし、みんなとなごやかに仲よく生きていきたいなら、たまには、自分の考えや思想を、ポイッと紙くずみたいに、捨ててしまうことだ。

「徳の脩めざる、是れ吾が憂いなり」と孔子はいう。自分の命は、宇宙の生成力によって育てられているという事実に目を転じれば、もやもやした頭の中の考えが、すっと消えて、明るくなれる。そして、あらゆる人と共鳴して生きていける。

禅語に、

「放下着《ほうげじやく》」（従容録《しようようろく》）

が、ある。「捨ててしまえ！」「投げ捨てろッ」という意味である。人は、いいとか悪いとか、正しいとか、正しくないとか、損だとか得だとか……と、いつも二つの考えを対立させ、そのどちらかをピンセットでつまもうとして、悩んでいる。そういう損得の対立関係を捨て去ってしまえッ……と。

その代わり、自分の居場所は、しっかりと守っていなくてはならない。どんなことがあっても、善悪を超越した大宇宙にどっかり座っている。

# 19 「人のため」にも生きる

——「徳を以て徳に報いん」（憲問《けんもん》）

## ◆自分のためだけに生きる人が見えないもの

あなたは、一切が自分自身のためになるように行動している。学問をするにしても、自分のためだ。運動するにしても、自分のためだ。旅行するのも、自分のためだ。朝早く起きて労働するのも、自分のためだ。夜寝るのも、自分のためだ。子どもの面倒を見ることとさえ、結局は、自分のためなのだ。自分は、自分のために生きている……それは、すばらしいことなのだ。

そこで、その自分のために生きる人生を、もう一つ深めて生きるためには、自分のために行動しているその根源的な「行為者」は、けっして自分ではなく、宇宙の生成力、つまり、天徳の力によるということを発見することなのだ。

天徳は、わたしがオギャーと生まれてから今日まで、空気を鼻や口を通して肺までしっかり引き入れ、また、間断なく体外へ放出してくれた。天徳は、「自分のため」にではなく、昼も夜も、ひたすら「わたしのため」に尽力してくれた。

「徳を以て徳に報いん」と、孔子はいう。人間も宇宙の心のように「自分のため」にだけ生きるのではなく、「人のため」にも、生きることだ。

自分の栄達出世のため、意欲的に仕事に取り組んでいる姿は、その努力という点だけでも、人として大いに評価されていい。注意しなくてはならない点は、地位を得たり、出世したりすると、責任がぐーんと重くなるということだ。まわりの人の信頼を裏切らないために、ますます「自分がやらなければ……」と、自分のカラの中に入る。そのとき妻への愛も、子どもたちへの情も、友への思いやりも、すっかり忘れてしまう。

そうなると、出世したところで、一番大切な愛の世界を失う。天徳の心とは人を愛する情である。妻や子や兄弟や友を無視して、生きがいはない。

# 20 迷ったら「本能」に従ってみる

――「君子は本《もと》を務《つと》む」(学而《がくじ》)

### ◆混乱のときこそ生命の根元を見据える

言論の自由。まことに、けっこうなことである。が、これを濫用《らんよう》しすぎると、人間関係がこじれてしまう場合も多い。

いいたいことを、声高くまき散らして、それぞれが自分の権利だけを主張してやまない……ということになれば、みんなでいくら努力しても、なかなか、なごやかで明快で平和な社会は育てられない。

「君子は本を務む」

君子（寛大なる人格者）は、生命の本の働きに心を向けて、生きていく。

わたしたちが生きている世の中というものは、どこもかしこも、ごちゃごちゃと入りくんでいて、どこをどう歩いていいかわからない。そんな曲がりくねった道を、迷わず、苦しまず歩いていくのは、簡単ではない。

その上、みんなから、いいたい放題に「いや、あっちはダメ」「いや、そっちもダメ」とチェックばかりされたのでは、にっちもさっちもいかなくなる。こんな混乱のときこそ、自分の生命の根元をしっかり見据えて、自分の生きていく方向を決めたい。

手を打てば
下女は茶を汲《く》む鳥はたつ
魚《うお》寄りきたる猿沢《さるさわ》の池（作者・出典不明）

奈良の猿沢の池畔《ちはん》の茶店に休んだ客が、ただ手をパチンとたたいたら、茶店の女中さんは「ハイハイ」といってお茶を出すし、鳥はパッと飛び立ち、魚はえさを投げてくれると思って寄ってきた。パチンという手を打つ現象が、それぞれの自分らしいとりようによって、こうも違ってくるのだ。「あっちはダメ」「こっちはいい」は、まったくない。これが本（宇宙・自然）の在り方だ。

# 21 カッとしたりしない

――「本立ちて道生《しょう》ず」（学而）

## ◆無数の星は一定の軌道を守って運行している

いったん、自分の頭にひらりと考えが浮かぶと、もうそうしないと我慢しきれなくなって、なりふりかまわず暴走して、せっかくの幸福な人生を、台なしにしてしまう。

これが、自由というものの、もっとも危険な点である。

いや、自由、自由と、自由を過大に認められて教育されてしまった人の、不憫《ふびん》なところである。

他人が自分に、ちょっと、不快なことをする。

よく思えば何ら恐ろしいことではないのに、すぐカーッときて、相手に失礼な言葉を見さかいなく浴びせかけてしまう。その相手が親友であっても、愛すべき妻であっても……。

言論は、自由がよい。が、つねに相手とぶつかって発火しないよう、お互いが軌道を守ってこそ、宇宙の心を持った「徳人」といえる。

人は、考える。

では、考えるメカニズムとは何か。

よいか悪いか、プラスかマイナスかを検討して、よい面、プラスのことを選別してとる。人は、よい方、プラスの方をとりながら、成長していく。この「考える」行為は、人にしかできない貴重なものだ。

が、人はひとりの考えだけでは生きていけない。時には、他人の強烈な考えに介入されて、相手から支配され、恐怖のうちに、制御されることもあるだろう。

人の考えは、人を自由にし成長させる。が、一方で人を制圧する過ちを犯す。

「本立ちて道生ず」

宇宙・自然の自律的な生命は、トラブルやパニックを起こさない。

# 22 「和」を大事にする

――「和を貴《とうと》しと為《な》す」(学而)

◆ケンカばかりしている家からは、「人格者」は生まれない

「和を貴しと為す」――仲よくやる。なごやかに生きる。世界で一番大事なことは、平和だ。自分の人生で、一番大事なことは、心の平和である。

人間の心の修行の最終目的は、みんなが心を平和にして、仲よく生きることではなかったのか。

二千年も、三千年も前から「和」の大切さを、だれでも知っていた。人間社会の理想は、世界も、国家も、個人も、なごやかに、和して生きていくことであったのに、

何と、今日は、世界も、国家も、個人も、弱いものをつぶして、ひとり勝ちすることを得意とし、高い目標をかかげては、競い争う、分裂と混乱の地獄となった。

自分の考えを大切にして、他人の考えは認めぬ。他人の不幸に同情するどころか、むしろ喜ぶ。自分だけがよければよい。その利己的な考えが、実は自分の心の平和を蝕《むしば》んでいることに、いっこうに気づかない。日本国最初の憲法（六〇四年制定）のトップにも、

「和を以て貴しと為す」

とある。国民がすっかり忘れた暗点である。

とはいえ、人の中には、利己的で破滅的な考えを持って、良民を痛め苦しめようとする支配者もいる。そんなときは、和を破っても、決然と挑戦しなくてはならないこともあるだろう。孔子自身も、一生涯、あらゆる人と仲よく和せたわけではない。にもかかわらず、孔子がなぜ和の世界を強調したのか。争いの世界からは、自分の才能を伸ばし自律的に努力する人格者を育てることができないからだ。

親同士が、兄弟同士が、明けても暮れても大声を張りあげてケンカしている家から、成熟した人は出てこない。

# 第3章

# 人間関係の悩みに効く「論語」

# 23 弱くてもかまわない

――「君子は憂《うれ》えず懼《おそ》れず」（顔淵《がんえん》）

## ◆勢力盛んな大木は、台風で倒れる

おとなしい人。やさしい人。素直な人。人として、とるべき態度をとっている人たちが、実は、痛み悩んでいるのが、現代社会の特徴である。

今日では、わがままに、勝手に、いいたいことを大声でいいふらして、人を責め、非難する人の方が、大手を振っているようだ。

かれらは、自分の利益に都合よく行動するように、ガンガン、プレッシャーをかけて、あなたを支配しようとしている。

おとなしく、やさしく、素直な人は、その横暴な要求をいやいや受けながら、不平不満の中で、すっかり自信を失っている。といって、その支配を受けなくては、うまく生きてはいけない。

孔子は「君子は憂えず懼れず」と、いっている。

おとなしく、やさしく、素直な人は、そんなとき、自信を失って、落ち込んだり、嘆いたり、逃げ出そうとしたりしてはいけない。どんなときも、恐れおののいてはいけないのだ。

「弱《じやく》能く強に勝つ」

これは、「十八史略」にある名言である。弱いものが、いつかは勝つのだ。おとなしく、やさしく、素直な人が、いつかはものすごい自信をつけて、安定した存在となるのだ。柳の枝は、ふらふらしてまったく自信なさそうに台風に吹き荒らされているが、折れたことがない。でも勢力盛んな大木は、台風にあたると枝が折れ、根っこまで倒される。

横暴な態度であなたに恐怖を与える人がいたら、「ああこの方は、台風にあったら倒れてしまうお気の毒な人だ」と同情し思いやれば、ストレスは受けぬ。

## 24 「出会い」や「縁」を大切にする

——「孝なるかな惟《こ》れ孝」(為政《いせい》)

### ◆運命を引き寄せる「孝」の力

偉大なる宇宙の生成力……この生成力が、天にも、地にも、そして、この自分の生活にも、活動している。

この宇宙の生成力、「孝」の力は、単に自分の体の小さな細胞にまで働いていてくれるだけではなく、実は、いろいろな人との出会いも取りもってくれている。

「昨日、こんな人と会って、とてもためになる話を聞いた」

「あそこで、あんな素敵な人と出会えるとは、思ってもみなかったわ」

わたしたちは、ときどき、不思議な出会いを経験する。ふとした出会いが、自分の人生を画期的に進展させてくれることがある。こんな出会いが、あなた個人の力で成立したと思えるであろうか。

こんな思いもかけない、すばらしい出会いを演出しているのも、宇宙の生成力、「孝」の力なのである。天地万物一切が、孝の力で運行する。それが「孝行」である。「孝」が「行」なっているためである。

「孝なるかな惟れ孝」――ああ、万物にとって、もっとも重要なものは孝の縁の力。

大学二年の夏、わたしは友人と二人で富士山に登った。登山口で、ひとりのイタリア人に出会った。

かれは、大学生であったわたしたちに親しみを持って近寄ってきてくれた。そして、たどたどしい日本語で「富士山一度も登らないバカ。富士山二度登るバカ」と冗談をいって笑ってくれた。

そこでいったんは別れたのに、また頂上で出会った。そのイタリア人が上智大学の学長になったヨゼフ・ピタウ先生だ。この方のご縁で、わたしはのちに栄光学園の先生となる。

# 25 生まれてきた〝奇跡〟に感謝する

## ——「孝慈《こうじ》なれば則《すなわ》ち忠《ちゅう》なり」（為政）

### ◆生命はたった一つの細胞からスタートする

生きものの生命は、たった一つの細胞からスタートする。自分の体は、手があり、足があり、胴体があって、こんなにも大きいが、出発点は、父の精子ひとつぶが、母の卵子にたどり着き、結合して、一つの細胞が二つに、二つが四つに、四つが八つに、八つが十六個に、次々と数を増加して、鼻や目や毛やツメをつくってくれたのである。かっちゃんはかっちゃんのように……。さおりちゃんはさおりちゃんのように……。

「孝慈なれば則ち忠なり」——孝、つまり、宇宙の生成力ぐらいやさしくて、愛が深く、あわれみの深い力は、ない。自分の利益は、まったく意識せずに、かっちゃんは、かっちゃんのように、さおりちゃんは、さおりちゃんのように、忠（まごころ）をもって生成してくれたのである。

一口に親孝行といっても、けっして、自分の両親だけを敬い、感謝するのではない。両親に働いている宇宙の生成力によって、自分が人間として無事に誕生したことに感激し、感謝するのだ。たとえ、自分の親が、毎日飲みほうけて、遊んでばかりいても、両親に働いていた宇宙の生成力に合掌すれば、よいのだ。

わたしたちの体は、何と六十兆以上の細胞によってできている。一、十、百、千、万、十万、百万、千万、一億……と数えていって、兆の数字がどれくらいか、まったく想像もできない。しかも、その一つひとつの細胞が、しっかりと生きている。みんな、宇宙の生命の群れだ。

ここで、よく考えてみなくてはならないのは、この細胞一つひとつは、ちょっぴりたりとも、自分の利益を考えていないということだ。お互いにしっかりと手を取り合ってケンカ一つしない。乱れ苦しむこともしない。

これでも、宇宙に感謝できないのか。

# 26 「人に尽くす」喜びを知る

――「仁遠からんや」（述而《じゅつじ》）

## ◆「仁」は誰でも自分の中にある

人はみな、自分で自分をつくっている、と思っている。そうだろうか。では、あなたは、あなたの体のどこを、あなた自身でつくったのか。

人は、すべての瞬間に、一生懸命集中して、自分の人生をつくっている。何かに興味を抱いたとたん、ものすごい集中力が自分の体から放出される。が、これも、宇宙の生成力（徳）であることに、気がつかなくてはいけない。

人間の生き方も人それぞれである。みんな、自分の性格に合った生きがいを求めて、努力している。宇宙の徳は、無数の人の求めに応じて、間断なく、活動のエネルギーを与えているのだ。

しかも、これほどの生命活動力を与えても、ノー・コストである。宇宙の徳は、一切、利益を求めず、他のために働いている。

この、他のために尽くす力を、仮に「仁」と名づけた。この他を思いやり、他に尽くす「仁」の心は、遠く宇宙に求める必要はない。

「仁遠からんや」――もとより、自分の体に、ある。

わたしたちは、他の動物と違って、ものを考えることができる人身を天から授かった。

考えることはすばらしい。

すばらしい反面、社会が発達し、人間が考える能力を鋭くすればするほど、お互いの強い考えがあちこちでぶつかり合って相対立し、争うことになった。現代人は、考えの相違によって、悩む。

そんなとき、相手が自分を思いやって「あんたの考えは、とてもよく理解できる」といってくれたら、どれほど心が明るくなることか……。あなたの方でも相手を思いやって発言すれば、相手が喜ぶ。

# 27 友の幸福を思いやる

――「仁を欲すれば、斯《ここ》に仁至る」(述而)

**◆他人のためが、いつしか自分のためになる**

見えない働きも、言葉で名前をつけると、あることが知られる。ひたすら利他《りた》のために働く宇宙の生成力の性質を、「仁」と名づけたのは、すばらしい。

人というものは、放っておけば、必ずといっていいほど、利己的になる。どうしても、自分の利益だけを求めて生きてしまう。ある程度利己的に生きることは許されても、極端に自己中心的に生きていると、だんだん、他人との関係がうまくいかなくなる。ついには、生きる意欲や喜びを持てなくなる。自分の能力も立ち枯れする。

「仁を欲すれば、斯に仁至る」

自分の利益よりも、他人が利益を得るように行動していくうちに、心の中に安らぎを覚え、努力にも身が入り、創造力も育ってくるものだ。他人のためが、いつしか、めぐりめぐって、自分のためになる。

人を思いやり、人のためになることをすることが、幸福になる必須条件であることを、人は、あまりにも知らない。仁の心は、友に向かってやさしく「おーい」と声をかければ、すぐ、自分の心に宿る。人は、もともと、仁の生命で生きているのだから……。

自分の生活を豊かにしよう。自分の能力を充実させよう。だれもが、自分の人生を実りあるものにするために、努力する。そんな努力をしているうちに、まじめになりすぎて、ささいな失敗まで気になって、心に余裕をなくし、快活に笑うことができなくなっていく。

自分の生活の充実だけを図っていると、不思議と将来に不安を持つようになるのだ。

こんな不安から抜け出すコツは、難しいことではない。日ごろの日常生活の中で、たまには友の成長を思いやり、他人の幸福を思いやることだ。

# 28 自分の都合を押しつけない

――「大徳《たいとく》は閑《かん》を踰《こ》えず」（子張《しちょう》）

## ◆ギクシャクした夫婦の仲があたたまる一言

自分のことばかり考えていた人が、他人のことを深く思いやれるようになると、いっぺんに生活態度が、明るく変わってくる。

夫が、自分が働いて得たお金は、無駄なくコツコツと貯めたいのに、妻がチョコチョコ出かけていっては、洋服や化粧品を買ってくる。

「お前、また、こんなものを買ってきたのか。無駄づかいはよせッ」

「これくらい、いいでしょう。バーゲンセールで、とても安かったんだからッ」

とたんに、二人の間が、ギクシャクしてくる。

子どもを産んで、育てる。楽しいこともあろうが、苦労も多い。日に三度の食事をつくる。掃除もする。洗濯もする。保育園のお母さんたちともつき合わなくてはならない。その上、パートにも出かける。いつも大変な気苦労もしているのだから、たまには、気晴らしのショッピングもしないとね……と思えば、「ヘーッ。こんなに素敵な洋服がこんなに安く買えて、よかったね」と、なる。

「大徳は閑を踰えず」

大徳とは、天地自然の大きな仁（思いやり）の心を持って、人をいつくしんで生活することをいう。

大徳の人は、どんなときでも、人を思いやって生きるという根本を踏み外さないから、日常生活での応対に失敗することはない。

理屈ばかりこねて、ひとりよがりになってしまう人は、歳をとると、認知症になりやすい。

ところが、その人が、妻や子やお孫さんに、笑顔でやさしく語りかけ、人のために行動しはじめると、ぼけが治るという。

# 29 視野を広げてスカッと生きる

――「仁を求めて、仁を得たり」(述而)

**◆人生が自分の考え通りにいかないときには**

考えが、人生をつくる。わたしたちは考えによって、思い通りの人生を、実現しようとする。だから、まず自分の考えを、しっかり持ちなさい。そうすれば、あなたは、あなたの人生を前向きに生きられる……。

現代の人は頭で考えることに自信を持ちすぎてしまった。そして、毎日、自分の口から、自分の考えを吐き出して、ひっきりなしに文句をいっている。冷静に考えてみれば、人生というものは、自分の考えた通りにいくはずがないのに、考え通りにいかないと、不快さが極度に高まる。

たまには、みずから手を下して、頭にこびりついている自分の考えを、ズバリと捨てないと、不測の運命に出会うや、たちまち途方に暮れてしまう。考えが強すぎる人は、新しい運命に、うまく対応できない。

人生が自分の考え通りにいっているときには、考えはそのままでいいわりだ。が、考え通りにいかないときには、自分の考えを捨てさえすればいいのだ。もし、自分の考えを捨てたいなら、他人のことを深く敬し、思いやってやることだ。

「仁を求めて、仁を得たり」と、孔子はいっている。

仁の心、思いやりの心は、生まれたときから自分の心に内在している心である。でも、その心は競争の生活をしているうちに消えてしまう。他人を思いやる心を失うと、だんだん孤立し自閉の世界に落ちていく。自己愛だけではスカッとさわやかな毎日が送れない。

わたしたちは、もう少し「あなたのため」「みんなのため」に目を向けた方がいい。そうすることが、実は自分の心の中に、思いやりの「仁」の心を求めることになる。求めれば、どんどん育つ。

# 30 お互いの価値を認め合う

## ――「汎《ひろ》く衆を愛して仁に親しむ」（学而《がくじ》）

### ◆これが本当の「道徳」の時間

繰り返すが、目には見えず、これといって手につかむことはできないが、わたしたちの生命活動の大もとは、宇宙の生成力（徳）の偉大で不思議な力である。

人はけっして、ひとりで生きているのではなく、みんなが、同じ偉大なる宇宙の生成力を、生きている。

あなたの生命も、わたしの生命も、考え方は違っても、その根元は、まったく同じであった。この同じ生命の大もとである「徳」の力を、たまには、しっかりと自覚する時間が欲しい。それが、まさしく「道徳」の時間である。偉大なる宇宙の徳を感じて、歩く道……。

みんなの生命の根元は一つだから、広くみんなを愛して生きよう。目の前にいる人を、心から思いやって、仲よく生きていこう。弱肉強食の競争をして、ひとり勝ちして威張るような格好の悪い生き方は、もう、やめようじゃないか。ひとり勝ちして威張ってみても、そこには、孤独で冷たい人生しかない。宇宙の心と一緒になって、人を愛し思いやって生きていけば、人間として、あなたはぐんぐん成長できる。

孔子は、「汎く衆を愛して仁に親しむ」といっている。

「衆」とは、たくさんの人という意味だから、広くたくさんの人たちを愛して、お互いに思いやって生きることが、最高の生きがいになる……と。もちろんあまりにも他人との距離が近すぎてしまうと、お互いにちょっとしたことで腹を立てたり、衝突したりしてしまうこともあろうから、親しみ思いやるといっても、やはり他人との間に適当な距離を置くことは肝心なことだ。

とにかく、競争をして勝つことばかり考えないで、お互いの価値を認め合い、思いやって生きることだ。

# 31 「趣味は仕事」ではいけない

――「仁に里《お》るを美《よし》と為す」（里仁《りじん》）

## ◆働くばかりの人生のどこにオアシスがあるのか

まず、目の前の仕事をはかどらせよ!! 与えられた課題を着実になしとげよ!! すべての人が、働く喜びに目覚めることだ。働く喜びのない人には、いろいろな例を示して労働の真の喜びを伝えよ。一歩ずつ目標を達成していけば、働く喜びは、必ず、実体験できる。働く喜びは、経験によってしか味わえない。だから、働け!! 懸命に働き続けろ!!

そんな、リーダーの忠告をそのまま素直に受け、実践して、どこかに、人生の安らぎがあったのか。そんな汗だくの人生に、満足感があったのか。

働くばかりの人生のどこに幸福があったのであろう。修身・修行をせず、趣味の一つも持たず、お金ばかり追いかけて、身も心も病み、疲れ果てて終焉《しゅうえん》するのは、醜い。

最先端の科学技術をもってしても、科学者たちは、たった一つの生命を生み出せない。あなたの尊い生命は、宇宙の力によって生まれ、牛かされている。この生成の力に感謝し、人を思いやり、人を愛して労働した人生こそ、美しい。

孔子はいう。「仁に里るを美と為す」——人生を笑って楽しく幸福に生きるには、けっして人を思いやる心を失ってはいけない……と。

定年退職する。と、同窓会での話題が変わる。かつては、営利、営業の話ばかりしていたのに、突然、「ぼくは、あそこの霊園に入れた。海が見えて眺めはいいが、金がかかった」「ぼくは子どものころ遊んだ故郷の寺に墓をとったから、金はかからない」となる。手には仏教書を持っているが、心底では死を怖がっている。

死んだらどうなる？　これを元気に働いているときに、しっかりと自覚して、お互いにいま生きている宇宙の命の大切さを知り、人を深く思いやって生きていれば、死は怖くない。

# 32 「努力」を見直してみる

――「仁に処《お》らずんば、焉《いず》くんぞ知たるを得ん」（里仁）

## ◆利己的な人は協力を得られない

ああしよう。こうしよう。ああしたい。こうしたい……。ふと湧いてくる思いによって、人生の方向が決まる。そして人生は、自分の思い通りになったり、自分の思い通りにならなかったりする。苦しみが起こるのは、当然、思い通りにいかなかったときだ。

「ああ、面白くもねェ。どうして、オレの人生は、思った通りにいかねェんだ」と、プッツンしてしまう。

いかに努力を重ねても、自分の思う通りにいかないのには、いろいろな原因があるであろうが、その最大の原因は、何といっても、仁の心、人を深く愛し思いやる心を、しっかりと持っているか、いないかに、よる。

いくら努力をしても、努力だけでは、なかなか自分の思いがかなえられるものではない。つまり、人間の努力というものは、宇宙から見れば、ちっぽけなものなのだ。宇宙は、利己的な人にはは、あまり力を貸してくれない。人のためを思う仁の心を実践する人に、絶大なる応援をする。

一口に、人間的な努力というのは、ほとんどは自分のためだけの努力である。「ミスや失敗をしてはいけない」「まじめにやることが一番だ」「もっと几帳面にやるべきだ」「グズグズするな、能率的にもっと速くやれ」……と先生や上司にいわれて頑張ってきたが、さて、それらの努力は、人との競争に勝って、自分だけがいい生活をするためのものだった。

「仁に処らずんば、焉んぞ知たるを得ん」と孔子はいう。

宇宙や自然の生き方は、「共生」である。自分だけではなく、みんなで仲よく思いやってともに生きてこそ、真に幸福になる知恵を自得できるのだ……と。

# 33 悩んだら深呼吸を一つする

## ――「仁者《じんしゃ》は仁に安《やす》んず」(里仁)

### ◆一回こっきりの人生を真に人間らしく生きるには?

現代人は、自分の考えさえしっかり持てば、もう、それだけで一人前であるかのように思っている人が多い。あるいは、自分の知能とか技術が充実していれば、豊かな人生が送れると信じきっている人も多い。

その通りであるかもしれない。しかし、この一回こっきりの人生を、真に人間らしく生きるには、あらゆる人間が、偉大なる宇宙の生成力(徳)一つによって生かされているという疑うことができない事実に、目を開かなくてはならない。

なぜか。自分が宇宙の生成力の力によって生きているという事実に無関心な人は、逆境に対処できないから……。

いくら自分の考えをしっかり持っていても、自分の考え通りに世の中は動いてくれない。いくら知能と技術に優れていても、あッという間に時代遅れになってしまう場合もある。でも、「仁者は仁に安んず」で、もしつねに宇宙の寛大な生命と一体感があれば、どんなときも、安らかである。人間は、つねに、宇宙の生命を自分の住む家と心得ていれば、楽しく暮らせる。

わたしの勤務先は、ミッションスクールであった。わたしの宗教は、禅宗であった。にもかかわらず、毎日ニコニコして十八年勤めた。

では、苦悩がなかったのか？

実は、毎日、毎日が、苦しみと悩みの連続であった。異教徒であるわたしが悪い。疑われても、誤解されても、当然なのだ。

その苦悩を脱するため、毎日、円覚寺の選仏場で坐禅をした。生きているこの生命の原因は何かを求めた。あるとき深呼吸を一つして、「なあーんだ」と思った。生きている原点は呼吸だ。呼吸は宇宙だ。宇宙には、禅もキリスト教もない。

# 34 悪い人に手を貸さない

――「仁者は能《よ》く人を悪《にく》む」（里仁）

## ◆「悪役」がいるから「いい役」が輝く

わたしたちは、日常生活の中で、心を傷つけられたと感じることが、しばしば起こる。自分は、おとなしく、まじめに生きているのに、なぜ、こんなにわたしを痛めつけるのであろう？

そう思って、いかに相手を恨んで、相手を直そうと努力しても、それは、ほとんど不可能なことである。鬼のような顔をしている人を、エビスさまのようなやさしい笑顔にすることは、できない。

甘柿をしぶ柿にすることは、できない。しぶ柿は、甘柿に変えられない。宇宙の生成力は、この自然界に、無数の種類の生命を育んでいる。自分をののしったり、打ちのめしたりする人も、宇宙の命を生きている。

もし、歌舞伎の舞台に、悪役がいなくなったら、観客は減ってくる。みんなに憎まれいやがられても、悪役がいるから歌舞伎は面白いし、いい役が輝く。他人に心を傷つけられたら、なるべく傷つかない柔軟な心を育てるか、離れるようにすれば、よい。

「仁者は能く人を好む」

天地自然のような寛大な思いやりの心を持って生活する「仁の人」は、人を大切にし、好むべき人を、深く愛する。が、すぐ続けて、

「仁者は能く人を悪む」

と、ある。

人を思いやる仁の人は、けっして、相手かまわずに親切をするわけではない。いつも自己中心的で、利己的で、わがまま勝手に、大声をあげて危険な行動をする人や、鬼面の人を思いやり、手を貸すようなことは、しない。

好むべき人は好む。悪むべき人は悪む。

# 35 世間の「モノサシ」に振り回されない

――「仁に志《こころざ》せば、悪《あ》しきこと無し」（里仁）

◆それを「よい」「悪い」と決めているのはだれ？

自分の心を、柔軟に、かつ寛大にするには、自分の心の中にある小さな尺度（モノサシ）を捨てることだ。と同時に、世間の尺度に合うように、あまり努力しないことだ。いま、世間でいいといわれているような人になろうとすると、つねに、世間に振り回されて、自分の心の安らぎを失う。

心の中にある、自分だけのちっぽけな尺度で、他人や世間の出来事を計っていると、日ごとに他人が不愉快な存在になり、世間が地獄のように見えてくるであろう。

そのとき、自分は生きる意欲を失ってくる。また、世間に気に入られよう、世間に迎合《げいごう》しようと、世間の尺度ばかり気にしていると、自分の精神の自由を失う。

自分の尺度や、世間の尺度を、ひっくるめて「人尺」（人のモノサシ）という。「人尺」に従って生きていると、いつの間にか人生が「ダメだ。ダメだ」という否定の方向に向いてしまう。

宇宙の生成力（徳）の尺度を「天尺」という。天尺の尺度はただ一つ。人を愛し、人を思いやり、人をいつくしむ心を持っているかどうか。損得ではなく情の一目盛だ。

人尺、つまり人の世の尺度で、あれがよい、これが悪いとやっていると、わたしたちの判断は実に気ままに飛び跳ねて、とうとう自分では手に負えなくなって、ついには、どうしたらいいのかわからなくなって、動けなくなる。

「仁に志せば、悪しきこと無し」――そんなときには、天尺を志せ。天尺に生きるとは、自然のように生きることだ。自然とは、自ずから然なる……。という意味だ。作意なしの素直な心だ。

お金がたくさん入ってきたら、贅沢をすればいい。貧乏になったら、貧しく生活すればいい。別に、何の問題はない。フランス料理もいいが、玄米で梅干しも、うまい。

# 36 時と場所をわきまえる

――「不仁を悪《にく》む者は、其れ仁を為《な》さん」（里仁）

## ◆「論語」が定める「善人、悪人」の定義

宇宙のモノサシ「天尺」の善悪の見分け方は、まことに、サッパリしている。

人間みんなの生命が、宇宙の生命であることを自覚し、深く宇宙に感謝する。宇宙の生命を生きている多くの人を、まごころ込めて思いやり、みなと手を取り合って楽しく明るく生きている人……これが徳人であり、善人である。

みんなの生命のもとが、大自然であり、大宇宙であることに、まったく無関心で、いま自分の頭に浮かんだことが絶対である、と考える。つねに自我の考えを人に押し

つけ、相手がそれを認めないと、すぐ、攻撃的になって他人を大切に思わず痛めつけている人……これが不徳の人であり、悪人である。

人が、どんないい考えを持ったところで、いずれは、そのいい考えに裏切られて、破滅する場合が多い。

そのいい考えをよく検討すれば、いい考えとは、単に自分にとって「いい」だけだったのである。大徳は、エゴイストには、手を貸したがらない。宇宙は、人を思いやり、他人に喜んで尽くす徳のある人を、裏切ることはない。

「不仁を悪む者は、其れ仁を為さん」と孔子はいう。思いやりのない人を、天は悪む。では、天が悪む思いやりのない人とは、どんな人なのか。

何よりも、まず、自己中心的で、人に負けること、人に遅れることが絶対にいやだと思っている。自分の発言したことが人にどう影響するかに、まったく気が回らずに、大声で怒鳴り散らす。いいたいことがあると、時や場所をわきまえて我慢することができず、にくまれ口をきく。人とよく衝突する。つねに過剰な競争心を持つ。欲張りの上に見栄っ張り……。

こういう人には、天は「仁」の心を持ってほしいと願っているだろう。

# 第4章

# 〝寛大な心〟をつくる「論語」

# 37 お金や地位より大切なものを知る

――「道を以てせざれば、之を得るとも処《お》らざるなり」(里仁《りじん》)

### ◆生きがいのある人生を送る条件

お金は、一種の魔法の杖だ。お金ぐらい重宝なものはない。名誉や地位も、幸福も生み出す力を持っている。だから、これらを求めようと努力することは、けっして悪いことではない。問題は、お金や名誉や地位の求め方である。この求め方が悪いと、不思議に破滅の運命に襲われる。

「道を以てせざれば、之を得るとも処らざるなり」で、「人のため」という道の心を持っていないと、生きがいある人生は送れない。

かつて、大学の進路の相談をしていたとき、医学部を希望している生徒が二人いた。ひとりは、父親が医者であった。かれは、「父のあとを継いで、病院に来てくれる患者さんの面倒を見たい」といった。もうひとりは、はっきりと「医者の収入がいいから」と胸を張っていた。二人とも優秀な才能を持っていた。

今日、父親のあとを継いだ医者は、小さい病院でニコニコと楽しく医業に務めている。高収入を目標としたかれは、大きい病院の院長になったが、不況の嵐の中でつぶれた。

お金も、名誉も、地位も、人を愛し思いやり、人をいつくしむ仁徳の心がなければ、たとえそれを得たとしても、長い間、幸福に安んずることは、できない。

院長になって病院がつぶれたかれと話した。かれはしみじみと、こういってくれた。「大きな病院の院長となると、達成しなければいけない目標をかかげ、患者さんからの無理難題をどうやって解決するかを考え、理不尽な文句を毎日のように処理し、避けなければいけない診察上の看護師や医師の失敗に対する指導をし……世間のいろいろな厳しい攻撃を受け、すっかりまいってしまった。患者さん一人ひとりと接し、よく話し、少しでも人の病気の快復のためにエネルギーを使えばよかったのに」と。

# 38「何とかなる」と考える

――「失わんことを恐る」（泰伯《たいはく》）

## ◆一休さんの「困ったときのための遺言」

思うようにならない。行きづまる。何をしていいかわからない。こんなときに、悩みやストレスの重みに耐えられないと、「ああ、もう、やめた」となる。

一休《いっきゅう》（一三九四－一四八一）さんは、この世を去るとき、弟子を集めて、「もし、困ったときがあったら、この箱をあけなさい。ただし、本当に困ったときにだぞ」といって、風呂敷につつんだ大きな箱を置いていった。弟子たちは、それから数年みんなで力を合わせて頑張った。が、どうにも、こうにも、寺の運営ができなくなったので、その箱をあけることにした。

大きな箱をあけると、また箱がある。それをあけると、また小さな箱がある。いくつも、いくつもあけてゆくと、最後にマッチ箱ぐらいの箱があった。

この中にどんな宝が入っているのか、弟子たちが恐る恐る小箱をあけると、クルクルまるめた小さな紙がある。何だこれは、と紙をめくる。「何とかなるよ」と書いてあった。

人生、どんなことがあっても、何とかなる。

わたしは四十歳のとき、名門校を退職し、「心の教育」のために独立、「道塾」を創設した。だれもが、なぜそんな馬鹿げたことをするのか、と笑った。

が、その通りだった。「心の塾」などへ月謝を出してくる人は、いるはずはない。家は借家だ。家賃が払えない。米が買えない。毎月、十八万円の赤字。退職前は四十三万円もらっていたのに……。生まれてはじめて借金をした。開塾して三年間、玄米で一日二食にした。もうダメだ、と毎朝思った。ある日「なるようになれ」と思った。

いままで「失わんことを恐」れていたから、悩み苦しんでいた。「つぶれてもいい」と思ってやっていたら、いま、何とかなっている。

# 39 「見返り」なんて求めない

——「不仁を悪《にく》む者を見ず」（里仁）

## ◆人に親切にしても報われないことが多い

人のことを思いやって、親切にして、相手から「ありがとう」といわれ、あなたは幸福な気分になり、その人から尊敬もされる……。

人を愛し、いつくしみさえすれば、相手も喜び、自分も「ああ、いいことができた」という達成感につつまれ、安らかな心持ちになれる……。しかし、世の中は、そんなに甘くはない。

人に親切をして、心から「ありがとう」と感謝され、お互いに友愛の心が通うようになる好縁は、実はあまりないかもしれない。

人のことを心から思いやっても、「ああ、あの人は世話好きだからね」とか「他人のことより、もっと自分のことを考えればいいのに」といわれてしまう場合もある。

そんなときに、「なんで、あの人は、こんなにも無礼なんでしょう。ありがとうと、お礼の一つもいわないんだから」というように、相手の心なさを批判したりしてはいけない。

「仁を好む者」、つまり、相手をいつくしみ思いやって生きる人は、「不仁を悪む者を見ず」（冷たく思いやりのない態度をとる人を、悪まない）である。

そこで、考えてみなくてはならないだろう。自分が人から世話を受けたり、思いやってもらったりしたときのことを……。

「ありがとう」という言葉は、ちょっとドアをあけてもらったとか、席をゆずってもらったとかのときは、簡単にいえるものだ。

だが、あまりにも過大な援助を受けると、簡単には「ありがとう」といえないものだ。「ありがとう」という言葉だけでは、とてもすまないと思ってしまうからだ。

そんな人は「ありがとう」といわなくても、もっともっと深く感謝している。

# 40 「お金＝幸せ」の錯覚を捨てる

――「過《あやま》ちを観《み》て斯《ここ》に仁を知る」（里仁）

## ◆水さえ飲めない難民を救う「仁の心」

利益追求だけに、人生の生きがいをかける。利益をあげるためには、人の健康や心の平和などには、まったく無関心。過大な宣伝によって、客の信用を得、不当な評価をつくり、利益をあげ、より大きな規模に発展していく。

いまや利益の成果の競争だけで、全世界がドロ沼の競争をして、沈んでゆく。個人も世界も、収入の増加が人間の最終の幸福であると、錯覚してしまった。

お金はなくてはならぬ。お金は、尊いものだ。いささかでも、無駄にしては、相ならぬ。

だが、自分の野望だけで増収を図る。弱者を切り捨て、たたきまくる。強い者だけが収入を蓄積して、みんなから拍手をされるという現実が、許せるだろうか。

収入の蓄積が、人生の唯一の達成であっては、困る。

その蓄積された収入を、この同じ地球に生まれながら、今日一日の食もなく、水さえ飲めない難民のために、どうして、使ってやれないのか。世界に、「仁」の心が、失せた。

わたしたちは、いつの間にか、他人をチェックし、他人ばかりを罰する生活を平気でするようになった。あらゆる判断が、自己中心的なチャンネルからばらまかれる。こんなにも自己中心的になると、自我意識だけがこんがらかって、世間の人間関係はますますうまくいかなくなるであろう。

「過ちを観て斯に仁を知る」

みんなの考えがまとまらず、どんどん分裂していく自分本位の世界のむなしさをよく観察して、平和のためにお互いを思いやる「仁の心」がいかに大切かを真剣に自覚しなくてはならない。

# 41 まずは「自分の非」を認める

――「三月《さんがつ》仁に違《たが》わず」（雍也《ようや》）

◆あなたがこの世に生まれたのは〝偶然〟ではない

宇宙の仁の心は、父の体内から数億個の精子が送られたときから、動きはじめている。数億の精子は、たった一つの母親の卵子をめがけて、突進する。まさに死にもの狂いの戦いをして、たった一つの精子が、母の卵子に入る。もし、あなたが、トップではなく、二番手で突入しようとしていたら、あなたは、この世にいない。

宇宙の仁の心は、そのときから、数億個の精子の中から、あなた一つを見つけ、あなたをこの世に送り、あなたをいつくしみ、あなたを愛し、あなたを育てようと決心したのだ。あなたがこの世に出現したのは、偶然ではない。宇宙の仁の心によって選ばれた必然だった。

だから人は「三月仁に違わず」で、いつも思いやりの心を持っていたい。

だれもが、宇宙の仁の心で生まれてきた。ならば、自分のことばかりを考えないで、たまには人のことを思いやり、弱い立場の人を、もっといつくしんだらどうなのか。

孔子の弟子では、顔回《がんかい》という人が、三月《みつき》、つまりいつもいつも仁の心で生き通したという。

まあ、そこまでとはいわず、一日に一回でも、一月に一回でもいいから……。

明治時代の話だが、日本橋を一台の人力車が下ってきた。川端の土手の柳のかげから、もう一台の人力車が走っていった。が、出会いがしらに、ぼんとぶつかった。

二台の車夫は、車を飛び出し、さっと頭に巻いてあった手ぬぐいをとって、

「ああ、わたしが悪かった。ごめんなさいまし」

「いや、とんでもねえ、オレが止めねえからいけなかった。ごめんなせえ」

と、二人で頭を下げた。

宇宙に選ばれた尊い人間同士の「人を思いやる」美しい姿だ。

# 42 「じっと見守る度量」を持つ

――「仁を知らず、焉《いずく》んぞ佞《ねい》を用いんと」(公冶長《こうやちょう》)

## ◆頭のよい子がいい子ではない

生きとし生けるもの、無生物にいたるまで、すべてが大宇宙の生成力(天徳)の表われである。もし、そのことを実感しないと、わたしたちは、ちっぽけな人間社会の価値観にだけ振り回されて、心の迷いにとらわれる。

両親たちは、ほとんどが、頭のよい子に育てられれば一番いいと思っている。では、頭のよい子がいい子であり、頭のよい子がしっかりした子なのであろうか。

頭のよい子で、いい子もいる。頭のよい子で、悪い子もいる。頭が悪くたって「いい子」は、たくさんいる。だから、けっして、頭のよい子が、いい子ではない。

一般に、「頭のよい子」というのは、学校や塾で教わったことを、しっかりと記憶している子のことだ。「いい子」とは「生きている尊さ」を知っている子だ。

「勉強しなさい」「あれしなさい」「これしなきゃダメ」という前に、もう少し宇宙や自然のリズムに合わせて、ゆっくりと、うるさいことはいわず、やさしい笑顔で見守ってやることだ。楽しく生活しているうちに、いつしか、すばらしい和の能力が自然発生する。

「まじめに勉強しましょう」、これは、けっこうなことだ。が、「まじめに勉強しなければならない」、これがいけない。

「まじめに勉強しましょう」、そこには、友だちと仲よく一緒にね……という気持ちがある。

「まじめに勉強しなければならない」、そこには、もう、友だちが入ってくる余地がなくなる。自然の在り方の基本は、共存共生である。

「仁を知らず、焉んぞ佞を用いんと」——「佞」とは才能。思いやりの心を知らないで才能だけで競争してはいけないと、孔子は主張する。

# 43 〝ピンチ〟に強くなる

## ——「松柏《しょうはく》の彫《しぼ》むに後《おく》るることを知る」（子罕《しかん》）

◆「危機のとき」こそ真価が問われる

ある冬のはじめのころ、庭を眺めていた孔子が、しみじみと、こうつぶやいた。

「ああ、すっかり寒くなって、花は枯れ、葉が散りはててしまった。でも、松と柏の木だけは、枯れしぼむことなく、厳しい寒さによく耐えているなあ……」

「歳寒くして、然る後に松柏の彫むに後るることを知る」

年末になって時節が寒くなっても、松や柏の木が寒さに悩まず、苦しまずに、不変の緑を誇っている姿を、たたえたのである。

気候が寒くなったとは、世の中が乱れ、不況になったことのたとえである。状況が悪い方に変化したとき、精神力の弱い人は、草木が枯れてしまうように、しょんぼりして、うっかりすると突然病気になってしまうこともあろう。

そんなときは、みんなで励まし合って、手をたずさえて、苛酷な状況に立ち向かい、積極的に乗りきっていきたい。松や柏の緑のように、心だけは、しっかりと強い人になりたい。どんなピンチのときでも……。

「松樹《しょうじゅ》千年の翠《みどり》」——これは、南宋末期の禅僧、石田法薫《せきでんほうくん》（生没未詳）の名高い言葉である。松の緑の美しさは、千年も変わることはない。この言葉から、「松柏千年の春」という詩句も生まれ、元日やお祝いのときに、よく掛け軸にして床の間にかけた。どんなつらいことがあっても、松の緑のように、相変わらず元気にやっていこう……と。

「一枝《いっし》の梅花、雪に和して香《かんば》し」（出典未詳）

これも、あまりにも名高い禅語である。まだ、春は浅い。梅の花が、たった一本の枝先に、ポツンと咲く。何と無情にも、その花の上にハラハラと雪が舞う。いつの間にか、雪が冷たく、こんもり積もる。が、梅の花は、突如迫ったつらい状況に、毅然《きぜん》と和して、凛々《りり》しく咲く。

# 44 人を思い通りにしようとしない

——「人の生くるや直《なお》し、之れ罔《な》くして生くるや」(雍也)

## ◆人の人生に〝ロープ〟をかけるな

子どもを持っている多くの親たちには、どうしても、自分の子が「宇宙の子」であるということが理解できていない。「とんでもない、うちの子は、わたしが産んだのよ。わたしの子でしょッ」。まさに、それも、事実その通りである。が、十月十日《とつきとおか》、胎内にいるときに、一本一本の毛を生やし、手と足にツメをつけてくれたのは、だれなのか。それも、よく思わなくてはいけない。

人間は、だれもが、宇宙の生成力によって生まれ、生き、そして、死ぬ。

さて、子どもが宇宙の子であるというなら、両親がどういう点に注意しなくてはならないのであろうか。自分の子どもは、けっして、自分の思い通りには成長してくれない……と知ることなのだ。子どもには、自然から授かった子どもの素性がある。

「人の生くるや直し、之れ罔くして生くるや」

いくら自分が産み育てた子だからといって、自分の思い通りにさせようとするのは、間違いである。その人の素性に適正した生き方を応援することだ。

わたしは、あるとき高校生にこういった。

「これからは英語だけじゃダメだ。三カ国語ぐらいマスターしなさい」

数年たった同窓会で、ある青年が、酒を飲んでわたしに食ってかかってきた。

「オレは、先生のいう通り三カ国語マスターして就職した。ところがどうだ。アメリカから帰ってくればこんどはドイツ、ドイツの任務が終わると、もうすぐフランスへと、日本でまったく生活できずに世界中をふらふら回されて疲れ果てた。三カ国語をマスターして何がいいというんだッ」

わたしも、自分の思い通りに教育しようとして、かれの人生にロープをかけてしまった。

# 45 先に与える

――「仁者は獲《う》ることを後《のち》にす」(雍也)

## ◆引き寄せようとするから幸福は逃げてゆく

二宮尊徳(一七八七―一八五六)先生のところへ、江戸からある商人がやってきて、いった。「いくら働いても、幸福になれない。何とか、生きがいの持てる方法を教えてください」……と。

尊徳先生は、「ああ、そうか」といって、その商人を箱根の湯本温泉へつれていった。二人は、野天風呂に身を沈めた。

尊徳先生は、手を伸ばし、指を開いて、だんだん、水を胸に引き寄せた。

「こうすると、いったんは、水が自分の方へ入ってくるが、手のひらが胸もとへ近づくにつれて、両脇へ水が逃げていってしまうだろう。逆に、こうして……」

と、こんどは胸もとの手のひらを、ずーっと前の方へ伸ばしていった。水は、だんだん向こうの方へ逃げていったが、何と、両脇から胸もとの方へ水が入ってくる。

「お前さんは、幸福というものを自分のために、かき込もう、かき込もう、とするから、幸福が脇の方へ逃げてしまうのだ。人が幸福になるように尽くしてやれば、いつの間にか、自分の胸の中へ幸福がめぐってくるんだね」……と。

「仁者は獲ることを後にす」

自分が得ることを後回しにして、人のために尽くす。これが「思いやり」の基本的な生活態度である。こういう態度で生きていれば、友も失わないし、自分の命を自分で捨てるようなことは絶対にない。

が、なかなか、日常生活でこの気持ちを持続することはできない。いつでもどこでも、利他《りた》の心で生きられる人は、聖人である。こんな人は、現世では、ほとんど存在しない。が、せめて十日に一度でも、一カ月に一度でも、せめて、愛する人には仁を実践したい。

# 46 「お先にどうぞ」とゆずる

## ――「己《おの》れ達せんと欲して人を達す」(雍也)

**◆競争をするから不安がつのる**

自分の目標に、早く到達しよう。が、なかなか、思うように事が進んでいかない。すると、後ろから、先輩や、友人や、後輩たちが、追いかけてくる。「うーむ、抜かれてなるものか」と、足を伸ばし、スピードをあげても、平気で後ろからついてくる。足が疲れた。腰が痛い……と思っても、休むことができない。

抜かれてはいけない、追い越されてはいけない、という考えで、心の中が、のっぴきならない大きな恐怖で埋もれてしまう。不安が日ごとにつのる。不安は心の敵だッ……と思って、不安という敵と争っているうちに、どんどん、不安のルツボに落ちてゆく。

こんな不安を消すのは、実は、簡単なのだ。

「お先に、どうぞ」

と、人に道をゆずってやればいい。自分は後からでいい。自分は、ゆっくり、落ち着いてのんびりいこう。

「己れ達せんと欲して人を達す」と孔子はいっている。

速いことがいいといって、速度を競争するから不安がつのる。

若いころ、せっかちで短気なわたしは、バスに乗るにしても、電車に乗るにしても、まず、われ勝ちに飛び込んでいた。「われ勝ち」にすばやく……。どこにいても、そう考えて、落ち着きがなく生活していた。

歳をとるにつれて、まあ、坐禅でもくんでいたからでもあろうが、「われ勝ち」の心の在りようが、つくづくいやになった。いやになったが、心は直らない。

「どうぞ、お先に……」。エレベーターに乗るときなど、気にかけてこの言葉を発した。いまも、実践している。おかげで、今日、競争心はすっかりなくなった。

# 47 「いいライバル」を持つ

――「己れ立たんと欲して人を立つ」(雍也)

**◆相手を立てようとしているうちに自分も成長する**

ヨーイ、ドン。百メートルのゴールを目指して突っ走る。とにかく、自分が一番になろう。自分を追い抜く者がいると、ひじで相手をのけようとする。自分がもっとも好きな友だちが、自分より前を走っていて、カーブのところで転ぶと、「やあい、ざまあみろ」と愉快になる。

どんな人生も、競争しはじめたら、愛と友情を失う。今日の世界は、どこもかしこも競争主義の活動によって、信じ合って、お互いが仲よく生活する「和」の心が、侵害されている。平和は、架空の虹である。

他人のことは放っておいて、自分だけがお山の大将になりたい。自分の考えだけが正しいと思って、他人の意見はまったく聞き入れず、わがまま勝手に振る舞い暴言を吐いている独善者。他の競争相手をつぶして、利益をひとりじめにしようと企《たくら》む独占者……。

独善と独占を胸に秘めて、世界の平和と安定を口にしても、それは、美しい空論だ。まず、相手の考えをよく聞き入れ、相手の立場を立ててあげる。次に、だれもが同じ宇宙の生命で生きていることを自覚し、敬し合ってこそ、世界が輝く。

とはいっても、何も、競争することが一切否定されるわけではない。いつでもどこでもだれとでも競争して、つねに「勝たなければならない」と思っていることが、平和を破壊するということなのだ。友情あるライバルは、つねにいた方がいい。

「己れ立たんと欲して人を立つ」

自分が立ちたいと思ったら、まず他人を立てる……と孔子がいうのは、なぜだろう。何とか他人を立てようと努力しているうちに、実は自分にもすごい力がつくということなのだ。独善ではなく、ライバルとともに成長するのだ。

# 48 「自分はこうだ」と決めつけない

——「徳に拠《よ》る」（述而《じゅつじ》）

## ◆よりどころを持てば持つほど心は不自由になる

人は、それぞれ、生きるよりどころを持っている。主観主義とか、客観主義とか、直観主義とか、ある思想をよりどころとして生きている人。名誉、地位、財産をよりどころに生きている人。よいとか悪いとかの倫理をよりどころに生きている人。またば、学歴をよりどころに生きている人……。と、まことに、さまざまである。

何かのよりどころを持って生きていくことは、大事なことだとは思うが、自分のよりどころに寄り添って生きて、はたして、安心と幸福を得られたのか。人の世のよりどころを、しっかり持てば持つほど、円滑な心の働きが、妨げられ、成長が止まる。

自分の心の状態を、つねに安らかに保つためには、何をよりどころとして生きたらよいであろうか。

それは、あらゆる人間の価値観を越えた宇宙の生成力（天徳）の目に見えない偉大なる力を感じ、天徳をよりどころにして生きることだ。「徳に拠る」ということだ。天徳に合掌し、感謝して生きることだ。

人間社会の価値は、ぐるぐる変わる。そこによりどころを固定したら、日が回る。

「空なることを観念して、自由自在なり」

これは、一休さんの言葉だ。自分の生命のもとは大宇宙（空）であるということをしっかり自覚する、そして一切にこだわらず、この世を自由自在に生きよ……と。

また、一休さんはこう歌う。

「うそつきの釈迦《しやか》が舌の根引き抜きて　有無《うむ》のことをばいわさじと思う」

宇宙や大自然には、実は、地獄も極楽もないのに釈迦はうそをついている。そんなうそをよりどころにして生きると、人生をもっと大きく、もっと楽しく生きられないよ……と。

# 49 世間の「常識」を疑ってみる

——「未《いま》だ可《か》ならざるなり」（子路《しろ》）

◆「みんながそうだといっても、そうとは限らない」

ある日、子貢《しこう》という弟子が、孔子にこんな質問をした。

「郷人《きょうじん》皆之を好《よみ》せば如何《いかん》」

と。郷人とは、今日でいえば市民とか国民ということになろう。市民や国民がこれはいいことだと好んでいるものは、よいといえるのでしょうか、という質問だ。孔子は、

「未だ可ならざるなり」

と、答えた。

みんながいいといったって、いいとは、いえないね……と。

そこで子貢は質問を重ねる。

「郷人之を悪《にく》まば如何」

と。市民や国民がこれは悪いことだと嫌っているものは、悪いといえるでしょうか。

孔子は、また答える。

「未だ可ならざるなり」

と。みんなが悪いといっても、本当に悪いかどうかは、わからないね……と。

今日では、市民や国民の多数の意見とか、世論によって、善悪を決定する。社会にしっかりした世論というものがなければ、人民の幸福を増大させることはできない。それは、よくわかっているが、といって、世論による善悪の考えが、すべて正鵠《せいこく》を射ているかどうかということになると、「そうとはいえない」と孔子はいうのである。

世人からほめられると嬉しいが、けなされると悩んでしまうのは、一方的に世論が正しいと思っているからだ。

生命の根本は同じだが、善悪の考えが違う。そこが難しい。

# 50 親を大切にする

## ——「親《しん》に篤《あつ》ければ、則ち民《たみ》仁に興《おこ》る」（泰伯）

### ◆これが、「日本の伝統の心」

もともと、わたしたちは、「仁」の心で生きている。いや、「仁」の心を、生きている。つまり、宇宙の「ものを育ていつくしむ」心を生きているのである。

その「仁」の宇宙の心は、人が、「自分のため」ばかり思っていると、次第に消滅してしまう。ここが、肝心かなめのところである。

「仁」の心は、広く宇宙にあって、かつ、自分にもあるが、自分中心の考えで、かくされてしまうのだ。これを目覚めさせるには、天空に声をかけるか、太陽に合掌するか、月を讃美するか、自然のふところに抱かれるか……。そうして、心の底から、「ありがとう」ということだ。

「親に篤ければ、則ち民仁に興る」

自分に人を思いやりいつくしむ愛の心が生じたら、まず、自分の両親や兄弟にその「仁」の心で手厚い態度をとることだ。その影響を受けて、まわりの人に、仁愛の心が、みなを幸福にする心が、盛んに広がっていく。

友だちにも、知り合いの人にも、まず、仁愛の心を忘れずに接することだ。

わたしたちは、二本足で立って、他の動物とは違って、ものを考え、文化を持った人間として、未来永劫二度とない最尊最勝の命を生きているのである。

二度と再びない最尊最勝の命を生きている人間だからこそ、お互いに敬し、思いやり、助け合って、仲よくしてあげなくてはならない。

それが、日本の伝統の心だ。

利益の数字のつじつまが合わないで、二千人、三千人と平気で首を切るのは許せない。つましきを耐え、助け合って生きてきたのが、日本の市民の心の伝統ではなかったのか。

# 51 相手に「共感」を伝える

——「仁以て己《おの》れが任と為す」（泰伯）

◆奥さん同士の世間話と男同士の飲み会

奥さんたちが、グループで食事をする。

「ねェ、これ、この間食べたら、とてもおいしかったわよ」

「ああ、そう。じゃ、わたし、今日はそれをいただいてみるわ」

「ねェ、ねェ。これも、おいしそうだわね」

「じゃ、一緒に食べてみようか」

奥さんたちは楽しそうに食べてから、元気いっぱいにおしゃべりをする。その話を聞いていると、男たちの話のように「それは、違う」とか「オレの考えでは、それは認められない」とか、主義主張のケンカ話ではない。義母とのつらい話を聞いては「あら、そうなの」「ああ、わたしも同じだわ」といたわり合ったり、勉強しない子どもの話を聞いては、「うちの子とそっくり」「でも、いつかはやってくれるわよ」となぐさめ合ったり……。

そこには、「仁」の心と笑いがいっぱいだ。「仁愛」の心を以て人に接するのは、最良の人である、と、孔子はいっている。

が、男たちは飲んでいると、すぐ、

「ちょっと、きみのその考えおかしいね」

「どこが、おかしいんだ。おい、どこが面白くねェッていうんだ」

「だって、わたしの経験からは、そうは考えられない」

「お前の考えはそうかもしれないが、オレの経験からすれば、お前の考えがおかしい」

……といいはじめる。

「仁以て己れが任と為す」——奥さんたちは、たとえ意見は違っても仲よくやろうとする。男たちは、考えが違う相手を、やっつけたいと思う。

# 第5章

# 恐れや不安が小さくなる「論語」

# 52 「死」を嘆かない

――「死して後に已《や》む」（泰伯《たいはく》）

## ◆「どう死ねばいいのか」を考えても仕方がない

仁愛の心で生きるということは、花火のように一瞬の輝きではなく、谷川の流れのように、絶え間なく人をやさしく思いやってゆくということだ。

「自分は、どう死ねばいいのか」と、自分の死に方を考えておけば、それまで「どう生きるか」がわかる……という意見もある。

が、では、「どう生まれたらいいのか」を考えて、この世に生まれてきたのであろうか。人間は、宇宙の生成力によって生まれ、命は、自然に尽きてゆく。

人は、歳をとるにつれて、手足が不自由になったり、寝たきりになったりしてしまう。「どう死ねばよいのか」などと考えたところで、自分が考えたように、うまくはいかない。

「死して後に已む」

それよりは、いざ宇宙からお迎えがきたら、「貴重な人生を長い間ありがとう」と合掌することだ。次に、「この世を去るのはさびしいが、自分がいつまでも生きていたら、まわりの看病する人は大いに苦しく大変なことであろう」と、看病してくださった人の苦心を思いやり、感謝して、宇宙のあたたかいふところに抱かれていこう。

「子、川の上《ほとり》に在りて曰《のたま》わく、逝《ゆ》く者は斯《か》くの如きか。昼夜を舎《や》めず」（子罕《しかん》）

孔子があるとき、川のほとりに居て、流れる水を眺め、弟子たちにいった。

「死んでゆく人はこの川の流れのように、昼となく夜となく、どんどん逝ってしまう。そして、けっして二度と帰ってはこない」

孔子は、人の死を嘆いてこんなことをいっているのではない。悲しみの言葉でもない。二度と帰らぬ生命であるから、毎日を苦しみ悩んで生きていくのをやめて、楽しく豊かに明るく生きていく工夫が欲しい……と。

# 53 年下の人から大いに学ぶ

――「後生畏《こうせいおそ》るべし」（子罕《しかん》）

## ◆つねに「謙虚」を心がけた孔子

「後世畏るべし」という言葉もある。「世」と「生」とが違う。どうでもよいことだが、「後世畏るべし」というのは、まだ幼いときから、計算力はあるし、読解力はあるし、漢字力もあるし、英語までうまい。この子は将来大成する……という意味で、孔子の言葉ではない。

「後生畏るべし」の後生とは、自分よりも後から生まれてきた若い人の意味である。若者は、体力もある。感受性も豊かなら、直観力も鋭い。グズグズいわず、切り捨ても早い。若者こそ、若いという偉大なる生命を持った偉大な存在である、という意味だ。

「後生畏るべし」に続けて、孔子は、

「焉《いずく》んぞ来者《らいしゃ》の今に如《し》かざるを知らんや」

と続ける。

このすばらしいバイタリティのある若者が、自立的な努力をしたなら、わたしなどは、すぐさま追い越されてしまうであろう……と。

人は、いつまでも謙虚でなくてはならない。つつましくなくてはならない。威張ってはいけないと主張し続けた孔子の、味わいのある言葉である。

わたしも、ちょっぴり本を書いたぐらいで、いい気になってはいけない……と、しょっちゅう心に思っていても、ついついどこかで威張る。

こんなときには、若者と酒を飲んでわいわい騒ぐのが、わたしの場合は、非常によろしい。酒が入ると若者は、こういう。

「先生よォー。あんたね。まじめすぎるよ。夜遊びをしたことないでしょう。それじゃダメ……」

# 54 〝ちっぽけな自分〟に気づく

――「仁者は憂えず」(子罕)

## ◆宇宙から見れば人間の存在は点にもならない

大宇宙から眺めてみれば、おそらく太陽は、小さな米粒のような星の一つであろう。その小さな米粒の系列に、月や地球がクルクル回っている。その地球に、東洋と西洋があって、東洋の小さな島国が、日本ということだ。その日本に、西日本とか東日本とか、北日本とか、北海道がある。大宇宙からは、どんな精密な拡大鏡を使っても、あなたは見えない。

人間の存在は、宇宙から見れば、点にもならないしチリ一つにもなり得ない。しかし、このちっぽけな一つひとつの生命は、宇宙とまったく同じ統一体である。

人間の一生は、宇宙の生成力と一つになって、ぐるぐる循環している。笑うも、泣くも、嘆くも、苦しむも、楽しむも、喜ぶも、すべては、宇宙の生命力の活動の表われである。人間が自分の力で生きていると思うのは、人間だけの錯覚にすぎない。

太陽は、銀河系宇宙の外側を、二億年に一回の周期で回っている。そういう大きい目で、自分の日常の悩みや苦しみを見ると、バカバカしくなる。

「仁者は憂えず」だ。

北鎌倉・東慶寺《とうけいじ》で、月見の会をした。琴のしらべも、笛の名人の妙音も、すばらしい演出だった。が、台風の前日の夜のため、強烈な風が黒雲を運んでは、ときどき月を覆った。そしてまたすぐ、輝きわたった。まん丸のまま輝いた。

そのとき、井上禅定《ぜんじょう》和尚は、静かに、

「八風《はっぷう》吹けども動ぜず天辺《てんぺん》の月」

といった。「普《ふ》燈録《とうろく》」の名文句であった。

八方から吹き荒らされても、月はまったく動揺しない。人からけなされたり、非難されたり、苦しんだり悩んだり……。身の回りの強風にあまりびくつかない。

# 55 相手の「いいところ」を見つける

## ——「仁を問う。子曰わく人を愛すと」(顔淵《がんえん》)

### ◆二人の愛をもっと深めるためには

樊遅《はんち》というお弟子さんが、孔子に、「仁とは、何ですか」と質問した。孔子は、

「仁とは、人を愛することだよ」

と、一言で、仁を説いている。

この愛とは、わたしたちが普通に思っている、いわゆる男女の愛ではない。

一般の男女の愛というものは、たくさんの男女の中から、それぞれが、最高であり、最良であり、最適であると思って選択した二人に起こってくる欲情の心である。

この欲情の愛の心を、二人でほったらかしにしていると、だんだん飽き足らなくなってきて、二人の男女の欲求が減退してくる。

そして、困ったことには、次々と新しい欲求が湧いてくるから、男女の愛は、いずれは不満の山を築く悪循環を繰り返す。

徳の愛は、そうではない。まずは、二人がつねに深く思いやること。次に、やさしくねぎらってやること。さらにもう一つ、お互いにその個性を発見し、その才能を伸ばしてあげること。

この愛こそ、宇宙の絶対の「愛」である。

わたしはいままで、ずいぶん夫婦のグチや悩みを聞いてきた。わたしがフェミニストだからではないが、どの破たんについても、男があまりにも女性のすべてを思いやらないという点が、女性の鋭い反発の原因となっている、と思った。

もちろん、夫婦の複雑な関係から起こる葛藤は、一つや二つの理由では片づけられない。でも、男が自分の理想とする女性を得ても、彼女を支配したり、抑圧したり、逆に無関心であったりしてはならない。つねに女性をやさしくいたわり思いやってさしあげる。そこに女性の愛も深まる。

# 56 自分を飾り立てない

――「剛毅《ごうき》木訥《ぼくとつ》は仁に近し」(子路《しろ》)

## ◆実践してこそ発言は生きる

テレビがこの世に出現したころ、テレビ局の係の人が、町を歩いている子どもたちにマイクを向けると、キャッといって、クモの子を散らすように逃げた。子どもたちだけではなく、大人たちも、手を横に振って、マイクに向かうことを拒否していた。

そんな情況を思い浮かべながら、今日、テレビに出てくる普通の町の子どもたちや、大人たちの姿を拝見すると、逃げ回るどころか、その堂々とした態度とキレのよい発言に舌を巻いてしまう。テレビやラジオが、国民の発言力を強大にした功績は、実に大きい。

民主主義の社会においては、国民一人ひとりの立派な発言力を養うことは、大事なことである。が、一点見落としてならぬことは、発言したことは見事であっても、その人の心の内容はどうなのか、その人の実践力はどれくらいあるのか……という点である。発言だけは見事だが、みんなが口先だけの人になっては、困る。逆に発言はひかえめであっても、実践力があって、意志が強く思いやりがあって、けっして権力に屈従しない人がいたら、それが「仁」の人だ。

「剛毅木訥は仁に近し」――これも、孔子の名言の一つである。剛とは、宇宙や自然に対する志向が強く、カネ、カネ、カネと金欲ばかりに屈従しないこと。毅とは、キッパリしていてあまり世間の評価には動じないこと。木とは、自分の素質のまま、自分に素直に生きること。できることはできる。できないことはできないと自分を飾らずにいえること。訥とは、人を痛め苦しめるような発言はしないこと。また、他人にこうしなさいという前に、自分が実践できていること。

「剛毅木訥」がもし実践できれば、苦悩はいっぺんに飛んでいく。

# 57 古きものからよく学ぶ

——「故《ふる》きを温《あたた》めて新しきを知る」（為政《いせい》）

◆「老子は、こういっていた」では意味がない

孔子の言葉の中で、もっとも好まれている「温故知新《おんこちしん》」だ。古くから今日に伝わっている思想や人生の生き方を、謙虚に学ぶ。軽率な批判などをせずに、古典を正しく深く理解する。

その上で、現実の社会をよく観察して、混乱や苦悩をおさめる新しい考えを発見していかなくてはならない。孔子は、「礼記《らいき》」や「易経《えききょう》」に学んだ。

老子《ろうし》は、こういっていた。孟子《もうし》は、こういっていた。吉田兼好《けんこう》は、こういっていた。

利休《りきゅう》は、こういっている。芭蕉《ばしょう》は、こういっている。と、そこにばかりに停滞していたのでは、ほとんど意味がない。過去の思想を十分究めるとともに、現代に即応した新しいものの見方や考え方を発見してこそ、学問というものの意義がある。

すばらしい文化と伝統を持った国民はそれだけで、何かにつけて心丈夫なはずである。わたしの知友のアメリカ人は、いつもこういっていた。

「日本はいいなあ、京都や奈良だけではなく、どこの県に行っても、江戸時代から続いている寺や文化遺産がたくさんある。田舎の田んぼのあぜ道に立っているお地蔵さんでさえ、そこに天保十年などときざんであるのを見ると、なぜか、ほっとするんですよ。アメリカには、新しいゴージャスな建物はいくらもある。が、古いといっても、百年かせいぜい二百年前の教会か、牧場のあとしかないんだよ。日本人は、もっと、もっと日本の文化・伝統をしっかり学んで、その尊さを自覚しないといけないんじゃない?」

たしかに、今日、日本人くらい自国の文化、伝統、つちかわれてきた生活的思想に、無知な国民はいない。

古きに学ばず、テレビとインターネットだけが、ものを見る窓である。

# 58 「やめる」勇気を持つ

――「仁者《じんしゃ》は必ず勇あり」（憲問《けんもん》）

## ◆「血気の勇」と「慈母の勇」はこんなに違う

弱い者をたたき、自分の強さに安住する。次は自分よりちょっと強い者に食いついて相手を倒し、自分の強さに満足する。そして、ついにはお山の大将になりたい。いつも虎のようにあばれ、受験競争であれ経済競争であれ、競争と名のつくものなら、絶対に、勝ちたい。勝つためなら、自分の持つあらゆる能力を少しもおしまない。

こんな勇気を、「血気の勇」という。血気にまかせてがむしゃらに競争する。これを、「猪勇《ちよゆう》」ともいう。ただ客気《かつき》にはやって相手に勝ちたい。

「仁者は必ず勇あり」――宇宙の生成力を敬愛し、その徳とともに生活している「仁」の人も、必ず、勇気を持っている。

ただし、その勇気は、血気盛んな戦いの勇気ではない。いわゆる世にいう「慈母《じぼ》の勇」である。相手を思いやり、いつくしんで、絶対に戦わない勇気である。子どもを産んだ母親のように、すべてを子どもに合わせ、心にまったく私念がなく、つねに子どもが安らかに、すこやかに成長するよう……。

一歩、二歩とがむしゃらに突進していく勇気が血気の勇。一歩退く勇気が、「慈母の勇」である。ただし、突進していく勇気、血気がまったくなくては、人生は向上しない。あるときには、自分がカーッと憤怒した盛りあがった気持ちがないと、一事をなすことはできない。

「憤《ふん》せざれば、啓《けい》せず」（述而《じゅつじ》）

孔子は、道の教えを受けるときに、いろいろな疑問を解決するために、激憤したり怒ったりするようなカーッと盛りあがるような情熱がない者には、うまくその心を開き教えることは難しい……ともいっている。学問・仕事・修行、いやしくも大成を期せんとするならば、正当の勇気が、いる。

# 59 「いま生きている」ことを実感する

——「命《めい》を知らざれば、以て君子たること無きなり」(堯曰《ぎょうえつ》)

◆財産や地位も獲得しすぎると荷物になる

いま、日本には、約千三百万匹のイヌと、約千六十万匹のネコがいる。十年前に比べると、数十倍もふえている。キリッとしたイヌの頭をなでてやると、尾を振って喜ぶ。愛らしいしぐさのネコとスキンシップをする。動物と触れ合って、心の悩みを消そうとしている人が多い。

はじめのうちは、動物のかわいさに惹かれて面倒を見ているけれども、次第にえさをやるのも、散歩するのも、億劫《おっくう》になって、気がすすまなくなってくる人もいる。

いささか違うかもしれないが、財産や地位も、はじめは、心の悩みを救ってくれるが、あまりにも獲得しすぎると、それが重荷になって、生きることさえ億劫になることがあるらしい。

「命を知らざれば、以て君子たること無きなり」

自分の生命の尊さを知らなければ、人生何をやっても、安定と幸福は得られぬ。財産を思うように得ても、晴れがましい名誉を授かっても、ときどき、その重みから逃げたくなることがあろう。それは、財産や名誉を手にするために、あまりにも忙しいからである。

とにかく、そういう人は、自分の時間に自由がない。いつも、他人から制御されている。

「命を知る」とは、自分の生命が、自然の力に支えられていることを、心底深く自覚することである。

そしてつねに自然に感謝し、自然とともに生きることである。

そうすれば、いかに忙しくても、自由で安心である。

60

# 「能力」よりも「性格」を磨く

——「仁に当たりては、師にも譲らず」（衛霊公《えいれいこう》）

◆「徳育」のすすめ

いま、学校の先生たちの心は、危機にさらされている。教育とは、人が幸福に生きるための真実を教えることが、その眼目であろう。生徒たちの人生を豊かにするには、心を裸にして、自分の失敗談を話してあげることも必要である。自分が子どものころ、田んぼの片隅にポツンと立っていたお地蔵さんのことを、懐かしく、話してやることも大切だ。旅行先で、こんな人に、こんな親切をされた、とか、日本の歴史の中に、こんなに楽しい人がいるんだよ……とか。

今日の学校では、教科書以外のことを教えるのは余談であると、禁止された。

教育の三本柱は、徳育、知育、体育である。子どもたちの心の安全を育てるのは、徳育なのである。先生方が日常もっともっと気楽に「きみは思いやりがあるね」「あなたは本当にやさしい人だ」「お前さんは実に親切な人だな」「きみの笑顔はすばらしいよ」と、勉強以外のことで、生徒にあたたかい言葉を投げかけてほしい。

「仁に当たりては、師にも譲らず」

勉強の競争だけではなく、「思いやりの心」でも競争する。

林周二氏の『経営と文化』（中央公論社）に、こんな話がある。

韓国のテレビのCMで、一つしかないラーメンを二人の兄弟が食べようとしている。まず兄さんが、弟に、「お前から先に食べな」という。

すると、弟が兄さんに、

「いや、兄さんから食べな」

続けて「兄弟で仲よく食べる。これほどおいしいカップ・ラーメン」の文字が出てくる。日本なら、兄弟が奪い合って食べ「これほどおいしいラーメン」となるであろう……と。

# 61 マニュアルに頼らない

――「君子は質《しつ》のみ」（顔淵）

**◆本当に大事なことを見失わないために**

孔子は、いう。「君子は質のみ」と。「質」とは本質である。人は、世間とか生命とかあらゆるもののうわべだけを軽く知って生きていくよりも、もっと深い本質を理解して生きた方が、より人生を楽しめる……ということだ。何よりも、まずは自分がいまここにこうして生きていることの深い本質を味わいたい。

草や木に花が咲く。「まあ、美しい」と感嘆する。それだけでは、足りないのだ。この草や木に美しい花を咲かせるのに、その根っこは明るい太陽をのがれ、真っ暗でじめじめした大地に埋もれて、土から間断なく栄養をとってくれている。この本質的な事実が、草木の成長と見事な開花のエネルギー源であることを、しみじみと観想することが大切なのだ。

うわべだけでなく、あらゆる生命の本質を知れば、人生はもっと美しく、もっと尊く、もっとありがたくなる。そのとき、人は、あらゆる苦悩から、脱出できる。いま流行のマニュアルに合わせて生活すると、便利で能率的かもしれないが、深い本質が見えにくくなる。

名門の和菓子屋さんで「このお菓子は、和三盆《わさんぼん》を使っていますか」と聞いた。とっさの質問を受けた女店員さんは、「ハイ、それはマニュアルには書いてありませんから……」と答えてきた。「和三盆ていうのは、上等のお砂糖なんだけど……このお菓子の甘味がとても上品だから聞いたんですよ」とつけたすと、その女店員さんは店長さんにいった。「店長、お菓子の材料についてのマニュアルはないですよね」。店長は、「あ？　ないよ」とあっさり顔。

マニュアルばかりで生きていると、誠意がなくなり、機転がきかなくなって、本質のわからない表面だけの世間になる。

# 62 自分がされていやなことはしない

――「己れの欲せざる所は人に施すこと勿《な》かれ」（衛霊公）

## ◆相手の長所に目を向ける

ある日、子貢《しこう》というお弟子さんが、孔子に、こう質問した。「わたしが、一生涯、ずーっと続けて実行しなくてはならない『仁』の心を、たった一言で教えてください」と……。孔子は、すぐさま、「ああ、それは『恕』ということだ」と、答えられた。

もし、あなたが、リーダーや先輩や夫から、あなたの弱点を毎日のようにチェックされ、あなたはダメな人だとばかりいわれていたら、ストレス過多になってだんだんまいってしまう。だれだって欠点や弱点ばかりをチェックされたら、やる気をなくし自信が持てなくなるだろう。

子どもにいつでも「どうして、そう勉強しないの。塾に行っても、ぜんぜんダメなのね」といっていたら、子どもは、ふて腐れてしまう。世の中には、考えられないほど勉強嫌いの子どもがいる。そんなとき、お母さんが焦る気持ちもわかる。が、なるべく悪口はいわない方がいい。

自分がいわれて嬉しい言葉を相手にも与え、自分がいわれていやなことは他人にもいわない。これが恕の心だ。

孔子は、続けてこういっている。

「己れの欲せざる所は人に施すこと勿かれ」

と。自分が聞いていやな気持ちになるような言葉は、なるべく人にいわない方がいい。上司から、お前はダメな奴だといわれ続けていると、いつの間にか自分でも「オレはダメだなあ」と思うようになる。人間、自分はダメだとコンプレックスを持ったら、万事がうまくいかなくなる。

上司から「きみはいいところがある」「きみなら大丈夫だ」といつも励まされていたら、不得手なことでも喜んでやってみたくなる。

# 63 理想論を振りかざさない

——「博《ひろ》く学びて篤《あつ》く志す」（子張《しちょう》）

## ◆現実に苦しんでいる人たちがいる

あるとき、人を思いやって仁の道に生きるには、こうすればいいんだよ……と、孔子の弟子の子夏《しか》がこう説いた。

「まずは、博く学ぶことだね。特に、この一回こっきりの人生を、恐怖することなく喜んで幸福に生きるための先人たちの知恵を、よく学ぶことだ。学んでもわからないときは、正師に質問して十分に理解したまえ。

次に、つねに、この世の同じ時代に生きている人たちの幸福と安定のために自分なりに尽くすことを、深く覚悟しなさい。

その次は、あまりにも難しい哲学とか理念とかに深入りしてはいけないね。机上の空論を振りかざすようなことは、何よりも、人に迷惑を及ぼすから。

最後になったが、人生をお互いに楽しく生きるためには、高遠な理想を振りかざして威張ってはいけない。身近にいる妻がどんな苦しみを持っているか。子どもたちが何に悩んでいるか。友だちがどんな苦難に直面しているか。自分の心はむなしくして、おだやかにみんなの意見を聞いてやることだ」

女性は、男性よりも賢く、体力もはるかにしっかりしている。子どもを産むという人類恒存の最尊のお仕事をなさってくださっているわけだから、充実した才智と体力を天から授かる。

ところが、女性が結婚して出産するや、そのエネルギーのすべてを子育てについやすため、社会生活におけるスタートラインは、男性よりもずっと後ずさりする。このことは、時に大変な女性の苦悩となる。

男子たるもの、朝に夕に「ありがとう。おかげさまだよ」と言葉をかけたい。そうすれば、女性は落ち込んだり、うつになったりしない。

# 64 「信頼関係を築く」努力をする

——「民《たみ》信無くんば立たず」(顔淵)

## ◆二宮尊徳の努力が実った理由

人は、一〇〇%の善を持っていない。また、一〇〇%の悪も持っていない。人はみな、善と悪の二つの種を持って生きている。

ただ、「人が利己的な欲望に向かって突っ走れば、必ず、破滅する」……これは、二宮尊徳の言葉である。

かれは、若いころから、「論語」「大学《だいがく》」「中庸《ちゅうよう》」や仏教・禅・神道など、広く、東洋や日本の伝統を学んで、自分自身の人間学を確立している。が、けっして現実を忘れず、貧しい生活に悩む町人や農民のために、やさしい言葉でわかりやすく、つねにまごころを込めて、人生の生き方を説いた。かれは、人を思いやる愛と誠の心があれば、社会は明るく幸福になると、主張し続けた。そして、貧しい農村を救うために、全身の汗をしぼりきって、働いた。

高い理想など、一つもかかげなかった。いつも身近に起こってくる現実の問題を、どうやって解決するかに奔走し、貧困と飢饉にあえぐ多くの藩や村を救済した。

尊徳の名の通り、天徳を尊び、人をこよなく愛し救ったかれこそ、仁の人であった。

ここで考えなくてはならないことがある。

二宮尊徳が、いかに「仁」の人であっても、かれの努力が、若いころから実ったわけではない。かれが成功を収めた唯一の理由は、村の人が、徳化した二宮尊徳を信じたからである。かれの思いやりの心も民への愛も、市民の信があってはじめて、実現したのである。

「民信無くんば立たず」

政治家が、いくらいい政策を打ち出したとて、国民が政府を信じなかったら、絶対に実らない。尊徳も市民の信頼を得るまでは、すさまじい苦労をしている。

# 65 まずは自分が相手を信じきる

――「民を利《り》する所に因《よ》る」（堯曰）

## ◆「仁」に生き、慕われた「やくざ者」たち

三枚のカルタでやる賭博《とばく》がある。三枚の札の合計点で競うのだが、うっかり引いた三枚の合計が、二十点になると、無得点になる。つまり、八・九・三の組み合わせは最悪だった。八・九・三から、「やくざ」の言葉が生まれる。それで、まともでない者、遊び人、博徒、盗人をさすようになった。しかし……。

桃山時代に釜ゆでになった盗人に、石川五右衛門がいる。かれは大名屋敷で金を盗んでは、貧しい人や病人に金を配っていた。やくざ者には違いないが、弱い人や困っ

ている人を思いやる仁の心があった。

「民を利する所に因る」――村民や困っている人を救うために、勇気を出して行動するという意味だ。

国定忠治《くにさだちゆうじ》（一八一〇－五〇）も農民たちを苦しめた悪代官を切った。かれは、言葉のおだやかなやさしい人であった。が、善良な農民たちの貧苦と、役人たちに屈従しているあわれな姿を、見てはいられなかったのだ。そこにも仁義があった。

深作欣二《ふかさくきんじ》監督は、思いやる心のない残酷無慈悲なやくざの暴力を、「仁義なき戦い」といったが、義理と人情に生きた「やくざ」と、力だけで抗争する暴力団とは、一線を画さなくてはならないだろう。暴力・暴行は許されないが、当時はそれ以外の方法がなかったのだ。

清水次郎長《しみずのじろちよう》（一八二〇－九三）が、富士川の堤防工事に、罪人たちが足にくさりをつけられて石を運んでいる姿を見て、役人の武士に頼んだ。「ごらんなせェ。足首から血が流れて、可哀そうだから、あのくさりをとってくれ」「くさりをとれば、逃げる」「わかりました。ひとりでも逃げたら、次郎長の首をはねてくれ」。罪人たちは、次郎長に感謝してひとりも逃げず働いた。結果、三倍の石を運んだのである。

# 第6章

# 人間的魅力を育てる「論語」

# 66 無礼な人とは距離を置く

## ――「人にして不仁ならば、礼を如何《いかん》せん」（八佾《はちいつ》）

### ◆人間関係を潤滑にするのは礼儀である

人は、社会を離れては、生きていけない。人は、人間関係をおろそかにしては、生きていけない。社会生活の中で人間関係を潤滑にしていくのには、何といっても、礼儀が大切である。

レストランでも、ホテルでも、このごろは、以前よりもずっと丁寧に礼を尽くしてくれる。とても気持ちがいい。が、もし、この礼の作法が、お客を呼ぶための技術であったら、枝葉のものになる。礼の作法を行なっている人の心は、育っていかない。

礼とは、人に敬意を表わす作法だ。では、いったい人が持っている何に敬意を表わすのか。あらゆる人は、宇宙の生成力（大徳）によって生きている。その人の大徳の力を敬するのである。

社会には、敬意を表わしたい人も、けっしてそうしたくはない人もいるだろう。が、たとえ、どんな人であっても、宇宙の大徳の力によって、歩き、立ち、座っているのだ。万人が持っている完全無欠な大徳の力を敬し、礼の作法を行なっていくことで、実は、自分の精神も、宇宙と等しい広く深く大きい心になってゆくのだ。

だが、いくら自分が礼を尽くしても、人間関係は相手があってのことである。礼の関係は、ひとりではつくれない。お互いが、礼の大切さを理解し、礼の心を深めて、平和な人間社会をつくっていこうという協力心がなくてはならない。

「人にして不仁ならば、礼を如何せん」で、自分だけが努力しても、相手にその気がなければ、こちらが不愉快になるだけだ。

自分の努力にもかかわらず、相手が無礼千万な態度をとってきたら、けっして、相手に好かれるように努力してはいけない。

無礼な人とは、相手が変わるまで距離を置くことだ。

# 67 礼儀を忘れない

## ——「人にして不仁ならば、楽《がく》を如何せん」（八佾）

**◆あらたまった場所でだけつくろおうとしても……**

わたしは、お弟子さんたちとカラオケをして楽しむのが、大きな生きがいである。プロの歌を聞くよりは、素人同士がちょっと下手に歌い合う方が、よっぽど楽しい。うきうきしてしまう。

ただし、そのときには、一つの掟《おきて》がある。友だちが歌っているのを聞かないで、べらべらしゃべっている者からは、千円の罰金をとるのだ。

歌が上手ならともかく、あまり得意でない人が、小さな声で、恐る恐る遠慮して歌っているのに、タバコをふかしながら、お菓子を片手に、大声でべらべらとしゃべくり回り、ときどき下品に笑いこけてる奴は、許さんッ。どんなに音痴な歌でも、みんなで手を打って身を乗り出して聞いてさしあげ、終わったら、大拍手をしてやる……。これが、「仁」のカラオケだ。

「仁・礼」の行ないを、あらたまった場所でだけ形式的にするのでは、いったい、何の徳になるであろう。「仁・礼」の行為は、いつでも、どこでもだ。

「人にして不仁ならば、楽を如何せん」――人は、無礼になると、手をつないで、悩みのない人生を、楽しく送れなくなってしまう。

礼の作法というのは、けっして、お茶室の中で行なっているような、厳格な作法ばかりではない。正しい作法も大事だが、礼の要点は、人を敬する心である。

礼のきちんとした作法をなぜ修得するかというと、ふだんの生活の中で、つねに人を敬う心が実修できるようにするためである。

大事なのは、日常だ。ふだんの生活の中では、あまり仰々しい作法を受けるよりは、笑顔の中で明るい挨拶を受けた方がよい。敬する心がないのにおおげさな形だけの礼を受けたら、逃げ出したくなる。

# 68 敬う心を育てる

——「之を斉《ととの》うるに礼を以てす」(為政《いせい》)

## ◆生徒からバカにされていたら、今日のわたしはない

栄光学園に勤めた十八年。今日でも何をありがたかったと思っているかというと、わたしのような浅学な教師でも、どの生徒も、礼を尽くし、敬ってくれたという事実である。教師生活をして、あれほど優秀な生徒から、慕われ、敬していただくと、その尊敬に適当する自分になろうとして、自分もよく学問をしたし、修行もさせていただけた。もし、生徒からバカにされ、無礼にあつかわれたら、今日のわたしはない。

生徒に礼を尽くされたのは、何もわたしだけではない。どの先生に対しても、生徒

は、礼儀正しかった。だから、どの先生にも、情熱があった。

「之を斉うるに礼を以てす」で、学園はいつも明るく、楽しかった。

大変悲しいことだが、今日では、生徒が先生に礼を尽くすどころか、校内暴力という風潮にあおられて、中学生や高校生が先生に暴力をふるい、生徒が先生を殺す事件まで起こった。先生の指導が適当かどうかをチェックする学校もある。

先生と生徒の集団をまとめるのに、「敬」の礼儀がいかに大切であるかを、すっかり、忘れてしまった。

「之を斉うるに礼を以てす」は、為政篇にある孔子の貴重な言葉である。

「之」とは国でもいいし、家庭でもよい。おおよそ、少しでも人が集まって仲よく、和して生活するには、「礼儀」というものを、しっかりと教えておかなくてはならない。

平和で明るい生活を育てたいなら、まずは礼というものを大切にするように……。

これが、孔子の重要な人間学である。

そして、礼儀の心は人を尊敬するところから育てられる。敬と礼の心をうまく育てることができれば、人間らしさが復活する。

# 69 孤立しない

## ——「礼を知らざれば、以て立つこと無きなり」(堯曰《ぎょうえつ》)

### ◆集団社会でうまく生きる基本

たくさんの人が、礼儀の作法をバカバカしいことだと思うようになった。近所の人にお辞儀をするのも億劫《おっくう》になって、すいすいと通り過ぎてゆく。インターネットとメールとゲームさえあれば、何も、人間同士で頭を下げて、挨拶することはない、と思っている。

いささか前の日本人は、そんなに深い交際はなくとも、ちょっと見知っているだけで、笑顔を交わしながら、「おはよう」「こんにちは」と挨拶を交わした。外国の人は、異口同音に「日本人は地球上もっとも礼儀正しい民族」といっていた。

「礼を知らざれば、以て立つこと無きなり」

集団生活の中で、お互いが日常のさりげない礼儀を失うと、人は日ごとに孤立化してくる。社会がますます複雑化し多元化する中で、孤立しても、その流れに器用に流れていける人はいい。

が、それができない人は、周囲を壁に囲まれ、孤立のつらさと苦しみにうずもれて、救いのない人生を送る。

集団社会の中に自分の人生を確立するには、まず、「礼儀正しい」が鉄則である。

自分が人に嫌われるとは、人が自分から遠のくことである。そのとき、人と人との心の距離が遠のいてしまうのだ。たとえ、遠方にいても、心の距離がぴったりとくっついていれば、相手に好かれている。たとえ、夫婦で近くにいても、心の距離が空《あ》いてしまうと、冷たくなってしまう。

冷たくなった人間関係を、劇的に変化させるのは、礼儀である。自分が明るい声で「おはよう」といえば、相手も挨拶してくれる。まわりが面白くない人ばかりだと思う前に、自分から笑って挨拶したらどうか。

# 70 期待を押しつけない

――「之に事《つか》うるに礼を以てす」(為政)

## ◆勉強よりも大事なことがある

「お父さん、お母さんが好きですか」

と、中学生に聞いた。「好きな人は、手をあげて……」といっても、七十人ほどのうち、パラパラ二、三人しか手があがらない。「なぜ、お父さん、お母さんが嫌いなんだ」と、手前に座っている人に聞いてみた。「うるさいから」「あれしなさい、これしなさいと面倒なことばかりいうから」「勉強しろッてばかりいって、しないと怒るから」「勉強ができないと冷たくされるから……」

今日のような苛酷な時代を生き抜くには、「勉強が大事だ」と思う気持ちは、よくわかる。が、あまりそのことを先立たせると、子どもとの感情に食い違いが表われて、ギクシャクすることになる。

「之に事うるに礼を以てす」

もし、幸福で楽しい親子関係をつくりたいなら、ごく小さいうちから、「ありがとう」「おかげさまで」「ごめんなさい」「おはようございます」「お休みなさい」と、身近な礼の作法を、しっかりとしつけることが、肝心だ。「両親をありがたいと思う人」と聞いたら、ほとんどの子が、さっと手をあげた。みんないい子なのだ。

日本人のすばらしさは、人に多くのことを期待せず、人をあれこれ支配せず、人を自分の都合のいいように振り回さず、おおげさな指導はせず、ただ人をひたすら信じ、あたたかい心で見守ってやることであった。

「まあ、いまは大したことはできないが、かれは、ゆくゆくは、いい仕事をするよ」と、人を育てるにも、長い目で見守ってやったのだ。

チェックも悪いことではないだろうが、毎日、毎時、弱点と欠点ばかり発掘されていたのでは、二十四時間休むときがなく、人生は疲れ果ててしまう。

# 71 心を込めて頭を下げる

――「礼を尽くせば、人以《もっ》て諂《へつら》うと為す」（八佾）

## ◆おべっかや、へつらいのために礼があるのではない

孔子の言葉に「礼を尽くせば、人以て諂うと為す」がある。

礼の作法をきちんとする。他人に対して頭を下げる。これを見て、「あいつは、人にかわいがられたいから、あんなに丁寧にやっている」「奴は、人に頼りたくて、おべっかをつかっているんだね」と、そんな風に、世の中の人はいうかもしれない。それは、まことに嘆かわしいことである。

そんなことで、礼の作法をするのではない。礼の作法は、他の生物にはありえない

人間だけの行為である。なぜ、人は礼の作法を、お互いに実践するのであろうか。それは、人間だけが、自分がこうして生きているのは、宇宙の生成力（天徳）・自然の恵み（地徳）・他人さまのおかげ（人徳）によっていることを、自覚することができるからである。

人間は、たったひとりでは、けっして、生きていけない。わたしたちが、他人に対して礼を尽くすのは、へつらったり、おべっかをつかったりして、自分が利益をこうむりたいためではない。相手の人の「人徳」に対し、その人に働いている「地徳」に対し、その人に生きている「天徳」に対し、合掌し、低頭するのである。

礼儀正しい態度と言葉づかいをして、客に信用させて、お金儲けをする。学生時代は、無礼な振る舞いをし、乱れた服装をしていた青年が、会社員となると、見違えるように、礼節正しい態度をとる。悪いことではあるまいが、そこには「人を敬う、上司を敬う、会社を敬う、同僚を敬う」気持ちは、ほとんどない。立派に競争に勝って、自分を信用させ、成績をあげたい一心である。悪くはないが、それだけでは不十分だ。

会社の玄関口で、美しく頭を下げてくれるのはありがたい。が、同時に、人間を敬する美しい心であってほしい。

# 72 「いただきます」の一言を忘れない

——「礼を為《な》して、敬せず」(八佾)

**◆まじめで礼儀正しい人が突然狂暴になってしまう理由**

バスの乗っ取り、無差別の殺人、父親殺しの犯人が検挙される。新聞の報道を見ていると、ほとんどが、「えッ、あんなにまじめな人が?」「えッ、あんなにおとなしい人が?」「えッ、あんなに礼儀正しい人が?」と、近所の人や友人がびっくりしたという発言が多い。

まじめで、おとなしく、礼儀正しい人が、突然狂暴になってしまうのは、そのまじめさの中に、おとなしさの中に、礼儀正しさの中に、人を敬愛する心がなかったからなのだ。

かれらは生命の尊さなど、どうでもよかった。ただ、あまり口さえきかなければ、まわりの人は、まじめで、おとなしい、と思ってくれるから……。頭さえだまって下げていれば、礼儀正しい人だといって信用してくれるから……。礼の外形はとっていたが、人をいつくしむ「仁」の中身は、何にもなかった。

「礼を為して、敬せず」

今日、行なわれている礼の作法は、ご機嫌とりの形式だけに終わってはいないか。礼にとって、もっとも大事なことは、他人の生命を尊重する点にある。

カエルは虫を食べ、ヘビは、そのカエルを食べる。あらゆる動物は、自分の命を維持するために、他のたくさんの生物を食べる。人の夕方の食卓にも、魚がある。豚がある。アサリがある。そして、トマトも大根も生命がある。ことによると、人間が一番多くの生命を毎日三食いただいているのではないか。

人の体が、他のたくさんの生命によって養われていることを知っているのは人間だけなのである。

そのことを食事のたびに合掌していれば、絶対に、突然、狂暴になったりしない。

# 73 相手の話をよく聞く

――「之《これ》を約するに礼を以てす」（雍也《ようや》）

**◆思いもよらない運や出会いがめぐってくる**

自分の考えをまとめて、要領よく話すことが、みんなとてもうまくなった。老人も子どもも成人も、かつては、まったく考えられないくらい、発表能力が上達した。が、どうであろうか、自分の考えは、よく主張するが、相手の考えを聞く耳を、すっかり失ってはいまいか。

広い知識を得て、自分の考えをまとめることは現世を生きる上で、必須ではあろうが、その考えを相手に合わせて、相手の考えも尊重する態度を持たないと、すばらしいあなたの考えは、いささかも現実化しない。せっかく苦労して確立した自分の考えが活きないばかりか、かえって反感を招き、友を失って孤立する。

「之を約するに礼を以てす」

みんなが、自分の意見をしっかり持つようになったら、お互いに、他人のそれぞれの意見を聞き入れる態度や礼節を養わないと、明るく幸福な世の中にはならない。自分の意見だけが正しいのではないことを、心に銘記すべきである。お互いに自己の考えを確立すればするほど、謙譲の礼を失っては、困る。

「之を約するに礼を以てす」の「之」とは、自分が修行で得たことや、学問をして身につけたことをさす。

自分が身につけたことで、世の中の役に立てようとしても、他人の意見に耳を貸さず、ただ無礼に威張った態度をしていたのでは、せっかく習得した知恵を活用することができないだろう。

人を敬し、思いやり、謙虚に仕事に打ち込んでいると、不思議に他人がよく自分の意見を聞き入れてくれるばかりか、あたりに思いもよらないよい出会いや運が、ぐるぐるめぐってくるようになる。

# 74 〝バカ正直〟にならない

――「直《ちょく》にして礼なければ則《すなわ》ち絞《こう》す」（泰伯《たいはく》）

### ◆〝一直線〟の無礼な正直者

自分の意見を、正直に、堂々と、明快に話すことが、なぜ、悪いのだ……。まったく、お説の通りである。

正直一途《いちず》は、けっこうなことだが、バカ正直な人は、あたりの人に不快と迷惑をかけているということも、ある。

もし、ガンをわずらっている人に、「あんたは、ガンだったそうじゃないか。うへエ、やっぱりガンだったんだね」と、平気でいう人がいたとしたら、無礼千万だし、ぶしつけでもあろう。まさかそんなことをいう人がいるわけはないであろうが、これに類する一直線の無礼な正直者が、最近、はなはだ、多い。

女性に、「わたし、ちょッと、しわがふえたわ」といわれて、「ああ、本当にふえたね」は、ない。「でも、きみの目は、前よりも、もっと素敵だよ」と……。

バカ正直な人の言動は、人を責めることが急で、相手を思いやることをしない。孔子は「直にして礼なければ則ち絞す」という。絞すとは、首をしめて人を殺すことだ。

二年ぶりに同窓会に行ったところ、ある会社を経営している社長が、この不況に対して、社員が「生きがい」を持って、活気に満ちた仕事をしてくれれば、何とか乗りきれるのだが、みんなしぶしぶと会社に出てくる。仕事に打ち込んでいない。「生きがい」を持つには、情熱なんだ。仕事をはつらつとこなすことなんだ。と、しゃべりまくってきた。

「でも、生きがいと情熱を持てる会社にするのは、社長さんの仕事ではないのかなあ」

と、ちょっと口をはさんだら、異常な勢いで、会社員の悪口ばかりをぶち出した。嫌悪を感じ、友だちは、みんな散った。

# 75 若い人に手を貸す

――「下《しも》に拝するは礼なり」(子罕《しかん》)

◆「良樹細根」の会社とは?

「イエス・ウィ・キャン」の時代になった。かつては、「イエス・アイ・キャン」の時代だった。自分で考え、自分の目標をかかげ、弱い者をたたいて、ひとり勝ちする……。そんな時代は、終わった。「イエス・アイ・キャン」の競争社会は、勝ち組と負け組の格差をつくった。しかも、何と勝ち組の大企業や大金持ちが、崩壊しはじめた。

もう、余分な競争はやめて、みんなで手を取り合って、強者も弱者もなく、大きな天徳の命を、明るく、幸福に、平和に生きていくときがきた。

勝ち組のいけない点は、「自分だけがよければいい」「弱い者をいたわる心がない」の二つだ。

孔子は、「下に拝するは礼なり」といっている。下位の者が上位の者に礼を尽くすのも礼の作法であろう。が、もっと、肝心な礼は、上位の者が下位の者をいたわり、いつくしみ、愛する礼なのである。世界の金融が大崩壊して「恐慌の時代」がくる。みんなで少ないお金を融通し合って、弱きを助けるあたたかい世界にしよう。「イエス・ウィ・キャン」の時代こそ、みんなへの思いやりとみんなで仲よくやるための「礼」が必修となる。

知友の社長は、「良樹細根《りょうじゅさいこん》」を座右の銘にして、社員一人ひとりに対している。

「良樹細根」とは、すくすくと健康に成長する木は、必ず、大地の中に根をしっかり張っているという意味だ。見落としてはいけないのは、その根の先には、細かい糸のような根がついていて、この細根が大地の栄養を吸収しているということだ。

まだ若く、入社してほどない社員一人ひとりの力の偉大さは、計りしれない。社長は「良樹細根」を胸に、新人の社員にも、和して、やさしく丁寧に礼を尽くす方がいい。

# 76 「イエス」「ノー」で割りきらない

――「勇にして礼無ければ則《すなわ》ち乱《らん》す」（泰伯）

## ◆人としての〝真の勇気〟を持つ

勇気を持って生きることだ。いっそう豊かな人生に近づくためには、勇気を持って生きることだ。ノーといわなくてはならないときは、ノーといおう。イエスとノーをはっきり選択し決断しない限り、あなたの未来も、あなたの運命も開けてはこない。勇気こそ美しい人生を創造する。前進前進、とにかく勇気を強く持って前進していけ。勇気があれば、世間の落ちこぼれにはならない。

本当に、そうであろうか。

ただ乱暴な勇気を持った人たちが、もの怖じもせず、ただ一つの主義や利益を守るために、その他の一切に対抗してあばれ出すと、世の中がギクシャクする。

孔子は、いう。

「勇にして礼無ければ則ち乱す」

と。人を思いやり、人をいつくしみ、人を敬する礼のない勇気は、結局のところ世の中を乱すだけだ。

勇気ある者は、けっして、人を愛する礼の心をゆるがせにしてはならぬ。弱い者をいたわり育てるのが、人間の真の勇気だ。

以前、裏山から下山するとき、ステンと転んで、右足をくじいた。くるぶしのところが、風船のようにふくれて、歩けない。大変なことに、翌日は高野山大学の講堂で講演することになっていた。生まれてはじめて杖をついてお話し申しあげた。次の日、何とかご本殿を参拝したかった。門のところで合掌すればいいと思っていた。

が、タクシーの運転手さんが車椅子で本殿の中まで……。山のような参拝の人が、車椅子が進むにつれ、さっと道をあけてくださる。「どうぞお先に」「大丈夫ですか」……。わたしは、見知らぬ人のやさしい礼節に、懸命に涙をこらえた。

# 77 目に見えないものを信じる

――「我れを約するに礼を以てす」（子罕）

## ◆目に見えない偉大なる力に頭を下げる

いくら自分の生命活動の一切が、宇宙の生成力（天徳）によるものだということを、頭の中ではわかっていても、その本当の価値をしみじみ知ることは、難しい。天徳の活動力は、全宇宙に広がっている偉大なる生命力であるから、なかなか、その一端さえ感知することが、できない。

ただ、唯一、ありがたいことは、そんな偉大な力が、わたし個人の中にもあるということなのだ。天徳とは、まさに遠くにあって近くにある。

最近になって、人が宇宙の生成力によって生きていることが遺伝子の科学的研究によって、はっきりわかったのである。いままでは常識や現代科学で理解できないことは、一切ないと思っていた。が、現代科学でも、目に見えない宇宙の偉大なる生成力に頭を下げざるを得なくなった。

いまこそ天に向かって、「ありがとう」「おかげさまです」とお礼を申しあげるべきときがきた。

「我れを約するに礼を以てす」――孔子は、宇宙に対して礼を尽くせば、自分と宇宙の慈悲深い生成力とが必ず結ばれる、と説く。

村上和雄先生が『スイッチ・オンの生き方』（致知出版社）で、こう述べられている。

「人間の身体は水素、酸素、窒素など、いろいろな元素によってできあがっています。それらの元素はすべて地球上にあるものです。ということは、私たちの身体は、地球の元素を借りて成り立っているといえると思います。（中略）地球にある元素はどこから来たのかというと、宇宙から来ています。だから私たちの身体は、もとは宇宙から来ているのです」

あなたの生命は、いま、宇宙の進化のトップに生きている。

# 78 まずリーダーから変わる

## ――「上《かみ》礼を好めば、則ち民使い易し」（憲問《けんもん》）

**◆そうすれば組織は、世の中は、けっして混乱しない**

まず、国のトップリーダーたちが、合掌し低頭して、うやうやしく、宇宙の生成力（天徳）に向かって、感謝の礼をささげる。

実は、不思議なことに、宇宙の生成力は、人の感謝を感知する能力を持っている。人が「ありがとう」と礼をささげると、宇宙の天徳は、それに応えてくれるのである。古代人は、礼によって、天徳と相通ずる道を感知していた。今日では、何と、遺伝子の「生命の暗号」を読み取っている科学者たちの研究によって、人間のさまざまな心の働きを司っているのも、「宇宙のだれか」であることが突きとめられた。

人がまごころ込めて、天徳に向かって感謝の礼を尽くすと、人と宇宙の心の道が通じ、言葉ではなく、電波によって、「きみは、自分の一生を仁の心（人を思いやる心）で生きるのだよ」と伝えてくれるのである。

「上礼を好めば、則ち民使い易し」――国や組織のトップリーダーが、まず、宇宙の生成力に感謝の礼をささげ、宇宙の仁の徳によって、組織の運営をすれば、世の中は、けっして混乱しないと、孔子は説く。

村上和雄先生は、人を生かす不思議な力をサムシング・グレート（天徳）といい、この大自然の偉大な力をこう説明している。

「神といってもいいし、仏といってもいいような存在です。とらえ方は自由なのですが、ただ、私たちの生命体の大本《おおもと》には何か不思議な力が働いていて、それが私たちを生かしている、私たちはそれによって生かされている、という気持ちを忘れてはいけないと思います」（前掲書）

さらに、この見えない力に感謝して「他人のため」に努力すれば、宇宙から思いもかけないご褒美がいただける……と。

# 79 流れに身をまかせてみる

――「時なるかな、時なるかな」（郷党《きょうとう》）

## ◆〝臨機応変〟に生きていこう

人は場所がなくては、生きていけない。人には、人に適当な生きる場所が必要なのだ。人は、海の上で生活できない。氷山の上でも生活できない。崖っぷちでも生活できない。人は何千年もかけて、人に一番適当な住む場所を探して、今日のようなすばらしい文明のあふれる住む場所を造成してきてくれた。

人が生きる場所は、ある程度自分の意志で決めることができる。都会に住みたい人は、都会に住めるし、田舎に住みたい人は、田舎に住める。なかなか自分の希望通りにはいかなくても、それなりに、何とか適当な場所に仕める。

ところが、「時なるかな、時なるかな」で、時の流れ、時代の流れというものは、どうにもこうにも、自分の思う通りには流れていかない。いかに、正しい理屈をつけて、時の流れを変えようとしても、びくともせず、おもむくままに流れていく。

人が生きるのに、もう一つ大切なことは「時の流れ」におぼれないで生きていくということなのだ。

ある日、孔子が弟子たちと山を歩いていたときのことだ。

二匹のキジが落葉をかいて、盛んにえさを探していた。一行が近づくや、パッと飛びあがって、しばらく天空を舞っていたが、やがて木にとまった。

そのとき、孔子が弟子たちに、

「ああ、鳥たちは、時を得たものだなあ。その時、その時にぴたっと合わせて、臨機応変に行動してるなあ」……と。

大きな川が、右へ流れていこうとしているのに、一滴、二滴の水がいくら正論をぶっても無理だ。

流れに合わせて臨機応変に泳いでいくしかない。

# 80 自分の役割をまっとうする

## ――「小利《しょうり》を見れば、則《すなわ》ち大事成らず」（子路《しろ》）

### ◆「目先のこと」にとらわれていない？

「小利を見れば、則ち大事成らず」――これは、「論語」の子路篇にある、孔子の名言である。小さな利益ばかり追いかけてはいけない。それでは大事業ができなくなる。

わたしの友だちが、二人でサラリーマンをやめて、二人の有限会社をつくった。売上も順調に伸び、二人は、やっぱり脱サラをしてよかったと、仕事が終わるとビールを飲んで喜び合っていた。

が、ある日のこと、突然その友人のひとりが、あまり経営状態のよくない会社と業務提携をし、うまくいったら合併して大きい株式会社にしようと強硬に提案してきた。もうひとりのかれは、前の会社よりも給料が少し多くなっているし、そんなことをしたら、せっかくうまくやってきた有限会社がつぶれてしまうのではないかと心配して、わたしのところへ相談にやってきた。わたしは、こう答えた。

「きみ、独立して経営者になったら、毎月の給料のことばかりチョビチョビ考えていちゃいけない。一緒に創業したかれを信じて、その縁のあった会社を救ってやるつもりで業務提携をして、自分の事業も大きく伸ばす努力をしたら、楽しい人生になるんじゃないか」と。

かれは、合併に踏みきった。友人も会社も失わず、大利を得て、今日、悠然たる大社長の生活を送っている。

将棋の名人、升田《ますだ》幸三さんの話に、次がある。

「日本の将棋は、つねに全部の駒が生きておる。これは能力を尊重し、それぞれに働き場所を与えようという思想である。しかも、敵から味方に移ってきても、金は金、飛車なら飛車と、元の官位のままで仕事をする。みんな使って本当の民主主義ではないか」……と。

# 81 悪口はいわない

——「人の善を道《い》うことを楽しむ」（季氏《きし》）

◆「いい言葉」も「悪い言葉」も必ず自分に返ってくる

人から、ずいぶん長い間、悪口をいわれてきた。そして、気がついてみると、自分も、あたりかまわず、人の悪口をいってきた。うっかり、気がつかずに、悪口をいってしまっていた。

が、このごろ、人をほめたときは、すぐに気分がさわやかになり、逆に、人をけなしたときには、その言葉がいつまでも自分にまとわりついて、そのときのいやな気持ちから、うまく抜け出せないことに気がついた。やっと「人の善を道うことを楽しむ」ようになれた。

自分が口にした人の悪口を、実は、自分の体の中にいる宇宙（天徳）が聞いていたのである。宇宙は、自分が発言した不愉快な言葉を、自分の脳の中に送り、その通りに正確に書き込んでいたのだ。さらに、その言葉の持っている不快感を、体の中のエネルギーすべてに伝えて、体の調子を崩していたのだ。

悪口というものは、必ず全部自分に返ってくる。相手をほめる気持ちのよい言葉も、つねに必ず、自分のところへ返ってくる。孔子は、人に礼節を尽くし、人のよいところをいってほめてあげることを、一生の楽しみとした。

よく、人からほめ上手だと、わたしはいわれることがある。でも、わたし自身は、ほめ上手などと、思ったことはない。どうやってほめたら人に気に入られるだろうか……そんなことは、ちょっぴりでも思ったことがない。ただ、素直に直観で、すごいなあ、とか、偉いなあ、と思ったことを、単純に申しあげている。ごくたまに、

「そんなお世辞いわないで……」

と不快な顔をする人がいるが、ニコニコやさしく笑ってくれて、素直に喜んでくれる人の方が、わたしは好きだ。

# 82 プラス思考の友を持つ

――「賢友多からんことを楽しむ」(季氏)

## ◆賢友を持つと人生は好転する

どんな友だちを持っているかで、人生は変わる。

人は、いろいろな楽しみを胸にして生きている。欲をほしいままにして多額の財を得て、胸を張っておごりたかぶるのが、楽しみな人。ゴルフやクルーザーで友だちと興奮し、友情にふけるのが、楽しみな人。うまいものをたくさん食べ、上等な酒や焼酎を飲み合うのが、楽しみな人。

どんな楽しみを持って生きるかは、それぞれ勝手である。人に迷惑さえかけなければ、なるべくたくさん楽しみを持って生きればいい。が、そういう友は、単なる友であって「賢友」ではない。

賢友とは、自分の命が宇宙の生成力（天徳）によっていることに深く目覚めている友をいう。

賢友は宇宙の生成力につねに感謝している。

「賢友多からんことを楽しむ」

宇宙とともに生きている賢友は、例外なくプラス思考で明るい顔をしている。そんな賢友を友としていると、それだけで、人生は好転する。自分の心の持ち方が、運命を変える。

人が宇宙や自然の生成力によって、生かされているということをしっかりと自覚している賢友は、堂々と自由に生きてはいても、宇宙や自然の偉大さの中で、「弱い自分」をつねに実感している。

賢友は、自分が生きているのは、たくさんの人のおかげであることも痛感している。賢友は、ちょっとした人の親切にも「ありがとう」と頭を下げる。

こんな人がそばにいてくれたら、よしッ、やろう!!　と思う。

# 83 言い訳をしない

――「小人《しょうじん》の過ちや必ず文《かざ》る」(子張《しちょう》)

## ◆気持ちよく仕事をするために

礼儀と仕事の能率は、ぴったりと一致する。礼儀知らずの人間が集まって、わいわいがやがややっていたのでは、どんないいアイデアを持っていたところで、何の実行もできない。

人の上に立つ人は、いつも、しっかりと、礼を守る余裕を持ってほしい。自分の主義だけを、しゃにむに押し通すことばかりせず、たまには一歩譲って、お互いに敬愛の心を表わすくらいの態度をとれば、もっともっと気持ちよく、いいアイデアが、すばやく実践されるであろう。

「礼譲《れいじょう》を以て国を為《おさ》める」（里仁《りじん》）

これは、孔子の名言である。

われわれはひとりとして、個人の力で生きているのではない。だれもが宇宙の命をみんなとともに生きている。個人の中の宇宙力に、礼を尽くし合掌し合おう。

また、孔子の弟子に、子夏《しか》という人がいる。かれは、孔子より四十四歳若い人だが、誠意ある弟子であった。

かれの言葉に、「小人の過ちや必ず文る」とある。

小人とは、利己的に自分ばかりかばい、自分は一つとして思いやりのある行動はできず、相手ばかりを不当に批判し、やっつける人のことをいう。そういう小人は、何か過失をすると、いろいろと言葉を飾って、言い訳をするのが極端にうまい。「文る」とは、自分が意地悪をしているのに、相手が悪いと、たくみに自分がいいように弁解をすることだ。

人の上に立つ人が、人を見下したように威張り、いざというときに自分ばかりかばうのでは、困る。

# 第7章

# 座右の銘にしたい「論語」

## 84
# 「自由自在な生き方」を知る
## ――「五十にして天命を知る」(為政《いせい》)

### ◆孔子の一生は仁徳の心にきわまる

孔子の一生は、こうだ。「われ十有五にして学に志す」。わたしは、十五歳ごろから、古典の人間学を勉強しようと決心した。

「三十にして立つ」。三十歳になったとき、わたしは、天道や天徳について勉学することを、一生のテーマとしようと決意した。

「四十にして惑わず」。四十歳のころ、名誉や地位、富貴《ふうき》についての惑いが襲いかかってきたが、自分は、自分の志した天道、天徳の学問への研修を不動のものにした。

そして、五十歳……「五十にして天命を知る」。孔子は、学問と瞑想によって、ついに天命を感知したのである。天命とは、天徳であり、天道である。つまり、孔子は、宇宙の根元的な生命の真理を悟ったのである。

「六十にして耳順《したが》う」さあ、天命を知るとどういうことになるか。何を聞いても「ああ、そうか」と頷けるし、世の中の善悪の評価に心が動じなくなった。「七十にして心の欲する所に従えども矩《のり》を踰《こ》えず」。七十歳になったら、心の欲するままに行動しても、天道にはずれることがなく、つねに仁徳の心とともに自由自在に生きることができたということだ。かれの七十代こそ、一切の価値を解脱《げだつ》した悟りの人生であった。

一休さんが森女《しんにょ》を迎えたのは、七十七歳のときであった。応仁の乱の兵火を避けて、盲目の美女、森女が酬恩庵《しゅうおんあん》の門前に立ち、細く美しい声で歌い、「一休さまのそばで、いつもお聞かせしとうございます」と、いった。

戦火の中、旅芸人の森女は、寝るところを失い、涙にくれて生きていた。一休は酬恩庵の中に招き入れ、森女を救った。破戒僧として大徳寺からも批判された。弟子たちも去った。世評も厳しかった。

が、一休は、切を超越して天命の愛に生きた。

# 85 「実行力」を磨く

——「切磋琢磨《せっさたくま》」(学而《がくじ》)

## ◆人生の修養に、終点はない

子貢《しこう》がある日、孔子に向かって、こんなことを質問した。

「貧乏であっても、へつらうことがなく、金持ちであっても、おごりたかぶる傲慢さがない……こういう人物はいかがなものでしょうか。理想的な生活態度といえるでしょうか」

孔子は、次のように答えた。

「それは、まあ、けっこうな態度だといえよう。でもな、それよりもっと素敵な生き方とは、貧乏であっても、その日その日を、元気に明るくみんなと楽しみ、お金持ちになっても、なごやかでやさしく礼儀のきちんとした毎日を送ることだね。お金のあるなしではなく、毎日の生活を、礼を尽くして、元気に明るく楽しく生きられるように工夫することだ」

するると、子貢がこれを受けていった。

「『詩経《しきょう》』にある〝切磋琢磨〟ですね」

「切」とは、象牙《ぞうげ》とか玉石岩を切り取ること。次にそれを「磋《さ》」する。磋とは、ヤスリで磨くこと。さらに「琢」とは、ノミでコツコツと美しい形をつくること。最後に「磨」で砥石《といし》や金剛石でさらさらとピカピカに磨きあげる。

一口に、毎日毎日をつねに明るく楽しく、礼儀正しく生きよといわれても、ああ、そうですかといって、簡単に自分の生活のクセを変えるわけにはいかないだろう。

この生き方は、まことに簡単に一言でいいきれるが、実行は、はなはだ難しい。一年、二年、三年と「切磋琢磨」、実践・実修して、少しずつ身につけていくのである。

「山上更に山有り」――これは、禅語である。

山の上には、更に高い山がある。人生の修養に、終点はない。

# 86 自分の評価は自分で決める

——「人の己《おの》れを知らざるを患《うれ》えず」(憲問《けんもん》)

## ◆「一番、二番」はだれが決める?

大変、恥ずかしい話である。わたしは、若いころ、何とか自分の才能を世の中の人に知ってもらおうと思って、つねに誇らしげに自慢をして、人からもてたい、ほめてもらいたい、と、さまよい歩いていた。

人に認めてもらわないと、とても悲しかった。とてもくやしかった。いつも、一番でいたかった。人から見ると、二番、三番どころか、最終ランナーであったにもかかわらず、自分勝手で、自分は一番だと思いたかった。つねに、だれからもほめてほしかった。ほめてさえもらえば、自分の貧弱な真価がわからないまま、ますます驕りたかぶって、他人をあなどっていた。

若いころの自分は、いまから考えると「身の程知らず」で、我執高慢《がしゅうこうまん》であった。実力がないくせに、他人に認められないと、すぐに腹が立って、心が落ち込んだ。

孔子は、弟子たちにこう教えている。「人の己れを知らざるを患えず、己れの能《よ》くすること無きを患う」。つまり、人が自分のことをよく評価してくれないことを悩み苦しむよりは、他人から高く評価されるような才能が自分になかったことをうれえて、自分の才能をしっかり磨くように努力しなさい……と。

「明珠《めいじゅ》は掌《たなごころ》にあり」――これは、「碧巌録《へきがんろく》」にある禅語である。わたしたちは、小学一年生のころから、他人の評価がよくなるように、他人の評価に合わせて自分を改造しているうちに、自分の個性的な才能を失ってしまった。

「明珠は掌にあり」とは、本当にキラキラ輝く宝のような尊い才能は、自分自身の中にある、という意味だ。自分の徳性も宝である。自分の健康も宝である。自分の人柄も宝である。他人の評価をあれこれ気にする前に、まず、自分の宝を磨く。脇目も振らず、まずは、自分を完成していく。

# 87 威張らない

――「威《い》ありて、猛《たけ》からず」(述而《じゆつじ》)

## ◆「威張ると不幸になる」という自然の鉄則

名誉、地位、財産、そのどの一つを身にしても、あたりに脅威のストレスを与えてしまうものだ。自分では、そんなつもりはなくても、まわりが勝手に勢いを感じて、恐れてしまう。ましてや、胸を張って、大声を張りあげて、あたりを怒鳴り散らすようなことがあると、そばの人が受ける迷惑は、はなはだしいものになる。自分の人生の威勢がよくなったら、他人を屈伏させるような態度をとってはならない。

「威ありて、猛からず」――孔子は、自分の威力がついたときには、けっして、威張ってはいけない。「温にして厲《はげ》し」、つまり、春風のようなあたたかい態度の中に、秋風のようなすずしげな態度をとるのがいい、と、いっている。

さらに、自分が得たものを、他人が持っていなくても、軽視したり、笑ったりしないで、こうして自分が、名誉や地位や財を得られたのは、すべて、「孝」のおかげである。一切が「大孝」の力によるものであり、けっして驕慢な心を発することなく、自分を誇るようなことは、つつしまなくてはならぬと……。

威張ると不幸になる。謙虚に生きれば美しい。これは、自然の鉄則である。

龍沢寺《りゅうたくじ》の接心《せっしん》（絶え間なく坐禅する修行）の最終日は徹夜であった。七日目の夜の厳しい修行に命をかけた。わたしは当時二十二歳。夜半から雪が舞った。闇の戸口から雪が堂内に舞い込む。「鉢を持て！」、大声が響いた。みなが鉢を自分の前に置く。

ひとりの僧が湯気の立つ桶を下げ、お汁粉をついで回る。わたしの前にやってきた。白い絹のマフラーをまき、わたしに丁寧に合掌してお汁粉を鉢にくださるとき、ハッとした。当山の大老師・山本玄峰《げんぽう》（九十歳）であった。「ごくろうなこっちゃ」、そうおっしゃって、再び深々と合掌された。臨済宗で当時最高峰の権威者であった玄峰老師は、秋の夕陽を浴びて野に立つ農夫のように、美しく、そしていつもやさしかった。

# 88 うそをつかない

## ——「人の為に謀《はか》りて忠ならざるか」（学而）

### ◆でっちあげられた「忠義」のうそ

わたしたちの先輩たちは、忠義を尽くすために、戦争に出かけていった。忠義のためには、生命を捨てる。これが、男の美学であった。かれらは、さくらの花のように生きることを、念願した。パッと咲いて、パッと散る。かれらの胸につけたボタンには、さくらの花が浮きぼりにされていた。

君主のためには、わが身の危険を一切かえりみては、いけない。君主の悪口をいったら、刑務所に入れられた。わたしの少年時代には、「忠義」という言葉ほど、恐ろしいものは、なかった。あの暗黒の時代から、六十年以上がたった。

孔子の説いた「忠義」に、そんな意味はまったくなかった。軍国主義者たちが、後世になって、勝手にでっちあげた、真っ赤な偽りである。

「人の為に謀りて忠ならざるか」

「忠」とは、人と人との交際の心得である。君主とは、無縁である。「忠」とは、まごころを尽くすことである。友だちと交際するのに、だましたり、うそをついたりしてはいけない。偽りのない真実の心でつき合いなさい……と。

四国・中国地方の商業会の大会が、高知であった。夕方からのパーティで、隣に座った先生と話がはずんだ。かれは、戦争中、江田島の海軍兵学校のエリートだった。アルコールが入るに及んで、勇んできた。

「まったく、バカらしい。オレたちは、毎日『お前たちは、忠義のために死ね』といわれた。孔子さんは、そんなことをいってないよね。『忠義のために生きろ』でしょう？」

その通り、孔子の教えは、死ぬためのものではない。楽しく生きるためのものだ。孔子が、天国で苦笑いしている。

# 89 頭でっかちにならない

――「学べば則《すなわ》ち固《こ》ならず」(学而)

## ◆坂本龍馬も、ケネディ元大統領も

学問とは、何か。ただ難しい字を記憶したり、数学の公式で難問を解いたり、解読のできない古文を読めるようにしたり、和歌を楽しんだり、詩をつくったり、歴史の年表を暗記したり……。これも、学問の一部ではあろうが、学問の大道ではない。

「学べば則ち固ならず」

いろいろなことを記憶することが学問だと思っている人は、記憶力だけが宝だと思い、手を汚して、実践実習することをしない。そのため、空論だけはうまく並べるが、すっかり実行力を失って、コチコチにかたまったつまらない人生を送ることになる。頭はよく回るが、まともな挨拶一つできない。

本当の学問とは、まず身の行ないをよくすることを本質とする。

孔子は、

「驥《き》は其の力を称せず、其の徳を称す」（憲問）

と、いっている。名馬はその力ではなく、徳をほめられる。学歴はレッテルだ。どんな立派なレッテルでも、中身が実践力のない人では、困る。

学生たちは机にしがみついて勉強するのが優秀なものとされる。成人するや、仕事ばかりが大事で、日曜日でも出勤しないと気分が悪くなる人もいる。みんな奇妙な数字に振り回されている。

今日では成績のよい人か運動神経のいい人が妙にもてはやされ、そうでないものはなかなか注目されない。でも、勉強もやれば遊びもする。仕事もすれば芸能や道の修行もできる総合的な人が、いったん危機に立たされると思わぬ実力を発揮する。

坂本龍馬も少年時代は落ちこぼれであった。ケネディ元大統領もCランク、最低の成績だった。

# 90 背伸びをしない

――「我は賈《こ》を待つ者なり」（子罕《しかん》）

◆「自分から売り込まないで、買い手が来るまで待つ」

就職にしても、就学にしても、自己ＰＲの時代になった。自分の特質、自分の才能のすばらしさ、自分の充実した能力などを、遠慮なく、ＰＲする。自分に自信を持って生きる。自分を過大に評価することによって、それにまがうように努力する。けっこうなことだ。

ただ、ここで考えてみなくてはいけないことがある。人間というものは、自分を高く評価すればするほど、だんだん他の人に対して無礼をしたり、軽視したり、ときに憎んだりするようになる。

「オレに対してその口のきき方はないだろう」とか「オレのいったことに逆らう気かッ」とか。人間は聡明で自信を持つほど、相手の弱点をつき、人の心を痛める。

孔子は、「我は賈を待つ者なり」という。「わたしは、自分から売り込まないで、買い手が来るまで待つよ」と……。人間はPRして売り込むよりは、ちょっと遠慮して謙虚である方がいい、という。そうすれば、たとえば過大にほめられたときでも、いい気になって傲慢になり背伸びをしすぎて倒れることもないし、逆にけなされたときでも、劣等感にさいなまれて、暴挙、暴走することもない……と。

人から認められたい。世間から高い評価を受けたい。充実した人生を送りたい。一度限りの人生だ。そう思うなら、目標をつくって能動的に活動するがいい。

ただ、そのときに、自分の力以上のことを目指してはいけないということだ。謙虚とは、素直に自分の才能や体力を自覚することだ。自分の力を知らず、無理をし続けて、不幸にも目的を達成できないと、「ああオレは負け組」と思い、劣等感のルツボに自分を追い込んで、ヘトヘトになって悩み、苦しむことになる。

ひかえめであれば、苦悩はない。

# 91 のんびりする時間を持つ

――「燕居《えんきょ》するや、申申如《しんしんじょ》たり」（述而）

### ◆会社員である前に子どもの親である

家庭の幸福。それは子どもたちの心の太陽である。その光を受けて、子どもたちは花のように育っていく。子どもを育てるには、家庭に勝るものはない。学校も塾も頭の教育はしてくれるが、あたたかい心は、なかなか育ててはくれない。家庭は健康な心を育てる温室なのである。

子どもたちが、悲観したり、思うようにいかないことに悩んだり、迷ったりするときがある。そんなときこそ、両親の出番なのだ。

「心配しなくても大丈夫だよ」

「だれでも失敗するんだ。だれでも転ぶんだ。でも、だれもが立ちあがるよ」

「人生、勉強ばかりじゃないんだよ。勉強ができなくても、やさしい笑顔で自分のできることをやって楽しく生きている人は、たくさんいるんだよ」

と、おだやかなまなざしで、子どもの心をよく思いやり、頭をなでてやってほしい。

特に現代の父親の不幸は、家にいても頭の中が会社や仕事のことでいっぱいだということだ。

「燕居するや、申申如たり」――燕居とは退職の意、申申如とはのんびりとの意。父親は、せめて退職後は家ではのんびりとくつろいで、にこやかな心の先生でありたい。

定年退職をした教え子が、つぶやく。

「まあ、最後まで首にならなかったくらいが、よかったのかなあ。二十代から六十まで、毎日毎日、会社の営業成績に気をつかい、上司にも部下にも気をつかい、家や子どものことはまったく妻まかせできてしまった」

苛酷な労務下で、家庭ではにこやかな心の先生であることは難しい。ならば退職後は、どうぞ頑固ではなく柔軟で楽しい心で、「にこやかな心の父母」を目指してほしい。

# 92 「変化」を恐れない

## ――「過ちては、則ち、改むるに憚《はばか》ること勿《な》かれ」(学而)

### ◆謙譲を美徳とし、頑迷を嫌った孔子

現実というものは、あッという間に変わる。今朝は雨だったのに、昼からはカンカン照りというように……。今年は景気がよかったのに、来年は不況になる……。

社会の流れがどんどん変わっているのに、自分の頭にこびりついた善悪の固定観念を曲げることができない。とにかくなりふりかまわず強情に自分の考えを張り通して、それで勝ったつもりでいるのは、最低に下落した人間であることに一向気がつかない。

孔子は、

「過ちては、則ち、改むるに憚ること勿かれ」

の名言を残している。自己主張は、いくらしてもいい。が、自分の考えがいまの時勢に合わないことがあったら、面子《メンツ》にこだわって、どこまでも押し通すことはしないで、「いや、これはわたしの間違いです」と、素直に認める。

孔子は謙譲を美徳とし、頑迷《がんめい》を嫌った。自分の力を頼み、頑としていい張る人に対しては、孔子は、何一つ、自分の意見はいわなかったという。

「先生ちょっと困った問題が起こったので相談に乗ってほしいんですが……」と、わたしのところへ、ある青年がやってきた。

「先生、わたしはこれこれと思うんですが」

「いや、その考えは、違うと思うよ」

「えッ、先生、この考えを否定されたら、ぼくは動けないんです。ぼくの一番大事に思っていることですから」

「大事に思っていても、この場合はダメ」

「ダメですッて。でも、ぼくはこの考えでずーっと頑張ってきたんですよッ」

ちょっと用事があったので、帰ってもらった。

# 93 一生の友を持つ

## ――「朋《とも》、遠方より来《きた》る有り、亦《また》、楽しからずや」(学而)

### ◆どん底でも信じ合える友がひとりいればいい

お金がなくて、すっかり、貧乏になってしまった。そんなときは、その貧乏の原因を、すぐ考えてみる。その貧乏が、自分のなまけとか、驕り、贅沢によるものか、見栄によったものか……。こんな理由の貧乏は、大いに恥ずべきだ。

だが、自分はまじめに汗をかいて働いていたのに、不況の大恐慌に見舞われて、貧乏になってしまった。こんな貧乏なら、恥ずべきことは、一つもない。

ただそのとき、十分に気をつけなくてはいけないことは、いままでの生活の足場を失うことへの不安に押しつぶされてしまわないことだ。不安ばかりにとらわれてしまうと、人生に希望が持てなくなって、自閉する。

孔子は、「論語」の冒頭、学而篇第一で、

「朋、遠方より来る有り、亦、楽しからずや」

といっている。かれは親友がやってきて語り合うのが、生涯のうちで、一番の楽しみであった。競争、競争で人間関係が荒れはてた。信じ合える朋友《ほうゆう》がいない。社会に認められず貧のどん底にあっても、信じ合える友ひとりがいれば、人生は楽しい。

ストレスを吹き飛ばすには、運動するのが一番いい、という人もいる。面白くないときは、友だちにグチをいいまくる人もいる。酒を飲めば、悩みが消えるという人もいる。が、自分にとっては、朋友と話すのがもっとも楽しく、憂いや苦しみをすっかりとってくれる。

わたしは四十歳で高校を退職した。当時の教え子五人と、もう三十年も、坐禅会と茶禅一味の修行をしている。

修行だけではなく、やけ酒を飲んでグチをいいまくったり、カラオケを吠えるように歌い合ったりする。先生も弟子もない。つねに一体になって、人生を楽しんでいる。

# 94 支えてくれる人の存在に気づく

## ――「徳孤《こ》ならず、必ず鄰《となり》有り」(里《り》仁《じん》)

### ◆「ありがとう」がいえる人のまわりに善人が集まる

小学生や中学生の表情が、暗く厳しくなっている。おとなしくて明るくかわいらしい子どもが、ずいぶん減ってしまった。どことはなしに、とにかく、人に抜きん出ることばかりに、焦っている。

大人たちの表情も、まじめではあるが、楽しさがなく、どこかに、迷いがある。スカッとしない。社会の中で抜きん出るには、どうしたって、友と戦わなくてはならない。みなで一緒に仲よくやろう、という人徳がなくなった。

つねに自分だけが抜きん出ようという一念で、友と争い、友と比べ、友情はうわべだけの薄っぺらなものになってしまった。

世の中の人が、ほとんどそういう競争と孤立の方向で生きていく中で、大病をした人、災難やトラブルに巻き込まれた人たちは、自分がたくさんの人たちのおかげで生きていることを知って、感謝をして生きている。

「徳孤ならず、必ず鄰有り」

「ありがとう」といえる人のまわりには、大勢の善人が集まってくる。

善光寺さんの本堂の下に、地下道がある。あの暗闇の中を手探りで歩いていると、もう、たまらなく不安に襲われて、前へ進めなくなる。が、ひとりでも手をとってくれる人がいると、何でもないのだ。

自分の人生は、時間の連続で、今日まできた。が、その時間の途中、「こうすればいいのか」「ああすべきがいいのか」といくつかの選択肢に迷った。

いままで、そんなときは、必ず自分で自分の道を選んだ、と思っていた。そうではなかった。そのとき……友がいた。両親がいた。先生がいた。

# 95 人のせいにしない

――「吾《われ》、日に吾《わ》が身を三省《さんせい》す」（学而）

## ◆自分が〝北極星のように〟光る

国家のせい、政治家のせい、県のせい、市のせい、教育委員会のせい、会社のせい、学校のせい、先生のせい、友だちのせい……自分がみじめな生活をするのは、結局は、他人のせい、と思い込む精神文化が、定着しようとしている。

孔子は、

「吾、日に吾が身を三省す」

と、いっている。「論語」の中で、名高い一文である。何も、いちいち三回と決めたわけではない。

　が、孔子は、日に、何度となく、自分を内省した。かれは、他人をチェックしたり検討したりしなかった。自分の心の中を、自分自身で十分に吟味した。そして、今日よりは明日、明日よりは明後日と、新しい自己を充実させていった。

　自分の不幸を他人のせいにしたところで、他人は、自分の思い通りにはならない。それよりは、自分自身を省みて、自分の命の光を輝かせるように励み、努める。自分が北極星のように光れば、自分は動かずとも、まわりのたくさんの星は、めぐる。

「禅者は、灯台のごとし」

　これは、禅語である。

安谷白雲《やすたにはくうん》老師は、坐禅のときこう説いた。

「みなが動かずに坐禅をしておると、自分は何もしていないと思うかもしれぬ。が、そうではない。坐禅をしていると、自然に悩みや苦しみが脱出していく。すると、本来からある自分の命の輝きが出てくる。その生命の輝きは、坐禅をくむごとに増大する。何も、とりたてて社会活動はしなくても、自分の精神が修行によって灯台のごとく輝けば、自分の命の光で、闇を走る多くの船人を救う」……と。

# 96 「自分にとって必要か」を見極める

## ――「三たび嗅《か》ぎて作《た》つ」（郷党《きょうとう》）

◆人生の道筋を狂わせてしまう魔法の杖

電気製品も車も、あまりにも安いと、そんなに欲しくなくなる。家や土地は手が届きにくい値段になると、かえって、何とか手に入れようと、執着しはじめる。ものの値段というものは、とてもうまくつけてある。いまの自分の収入では、とても買えないが、ローンを利用すれば、まったく買えなくはない。そうなると、あまり必要のないものにも、強い執着心を抱くようになり、そのものから心が離れなくなってしまう。

その執着の心に、心を迷わされ、人生の道筋を狂わされてしまう。いつの間にか、とてもできないのに、できると思わせてしまう魔法の杖を持たせられ、無理の上に無理を重ね、ものの奴隷となる。

孔子は、子路《しろ》というお弟子さんに「鳥たちの動きを見ているとその時その場に応じた執着のない行動をしているね」といった。子路は、そこへ飛んできたキジにえさを投げた。キジは三回えさのにおいを嗅いだだけでさっと飛び去った。孔子は「せっかく目の前に投げられたえさでも、必要がなければ、それを食べないね」と。

春らんまんのさくらの花。ああ、美しい。花の舞いも、たまらない。雲に隠れたり現われたりする名月。ああ、いつまでも眺めていたい……。

わたしたちは、花にも月にも執着する。執着の心があるから人生は成り立つ。仏を思い経を読むのも、執着である。執着すべきことに執着の気持ちを起こさなくては、いったい何の人生ぞ。孔子が忠告するのは、自分に必要のないものには、執着してはならぬ、ということなのだ。

「三たび嗅ぎて作つ」――ちょっと嗅いで自分に不必要なものからはさっと去る。進むべきか去るべきか。執着すべきか捨てるべきか。人生、それが一番難しい。

# 97 欲張らない

――「無《む》為《い》にして治《おさ》まる」(衛霊公《えいれいこう》)

## ◆「したい」ことが多いから、「したい」ようにならない

人生は、短い。わたしたちは、ともすれば、いまよりもっとお金を貯めたい、いまよりもっといい仕事をしたい、いまよりもっと長生きしたい、いまよりもっと地位をあげたい、いまよりもっと人に認められたい……と、もっともっとと思いながら、上をめざして日々を送る。そうして、「したい」ようになるために、さまざまな企画を立てて努力しているうちに、だんだん居心地の悪い人生になっていく。

自分の「したい」ことが、自分の能力に適したものであれば、何の問題もない。が、

率直にいわせていただくと、あまりにも自分の波長に合わないことを「したい」「したい」と骨を折っている人の何と多いことか。「したい」ことが多くて、「したい」ようにならないと、だれもが、不満やグチをこぼし出す。そのうち悩み、苦しみ出す。

孔子は、どんな不幸な状態であっても、その不幸の中に一筋の光を見つけ、あれこれ「したい」と思わず、ひたすら人を思いやって、「無為」にして今日を生きよ、と主張する。

「無為」は「為《な》さ無い」と読む。でも、「無為」とは、何にもしない、ということではない。自分中心のわがままな行動はしないで、人のために行動するということなのだ。

わがままで自己中心的な人は「有為《うい》」の人という。自己中心の人は、自分の思い通りにならないと、気が治まらない。自分の思ったように事が進まないと、人を激しく攻撃したり、怒鳴ったりして、人を深く傷つける。

「無為にして治まる」

孔子は牧畜を司る役人になったとき、別に何の施策もとらなかった。ひたすら農民を思いやり仲よく生活していた。が、その寒村はみるみる家畜がふえ、豊かな村になって、その職務をなしとげたという。

# 98 〝貧乏神〟を近づけない

――「道に志す」（述而）

◆人のためにお金を使う人に福の神がつく

貧乏をしている人に、「あの人には、貧乏神がついているね」というのは、大きな間違いである。貧乏神は、貧乏な人にくっついているのではない。むしろ、お金持ちに、くっついて、お金持ちを苦しめるのである。

では、どんなお金持ちに、貧乏神がつくのか。自分が稼いだお金を、自分の快楽や贅沢にだけ使う人に、天から貧乏神が下りてきて、ぴったりとくっつく。そして、こんなエゴのお金持ちには、けっして安楽を与えない。

逆に、福の神は、人のためにどんどんお金を使うお金持ちがいると、天からさっとやってきて、その人に味方をして、幸せを守ってくれる。貧乏な人でも、たとえいさ さかでも「人のため」にお金を使う人には、素敵な福の神がつくのだ。

「道に志す」という「道」とは、天道である。天道は、利己的な考えで生活している人には、少しも力を貸してくれない。お金があろうとなかろうと、だれであろうとかれであろうと、「人を思いやり、人に尽くす人」に、協力してくれる。

二宮尊徳は、貧乏のどん底に生まれた。

幼少からはじまる寺子屋へも、月謝がなくて行けなかった。母は、お盆に砂を敷いて、ハシで字を書いて教えた。

ある日、嵐があって堤が破れ洪水になった。そのとき、村をあげての堤防工事に父は重病で手伝いに行くことができなかった。尊徳は夜なべでわらじをつくり、作業中にわらじのやぶけた人に配った。かれは青年時代になると、大欲を抱いて働き、大きな富を得た。が、自分の生活は質素を守り、倹約した資本をもとに、多くの困窮した村民を救った。

かれは、武士もかなわぬ偉業を、次々と達成した。

# 99 「自分の価値」を見直してみる

――「朝《あした》に道を聞かば、夕《ゆうべ》に死すとも可《か》なり」（里仁）

◆「自分は大したもんだ」？　「自分は大したもんじゃない」？

「自分は大したもんだ」と、胸を張って、自信を持って生きることも、大事なことだ。が、一方では、つねに「自分は大したもんじゃない」と一歩引きさがって遠慮して生きることも、大切なのだ。

人間は、人の力だけでは、一瞬たりとも生きてはいけない。風の力、水の力、緑の力、太陽の力……。つまり、自然と宇宙の命がなくては、どうしたって生きられないという事実をこの身に覚えれば、成功しても舞いあがることはない。

「朝に道を聞かば、夕に死すとも可なり」

これは孔子の言葉の中で、もっとも重要な言葉だ。孔子の人生の目標は、「道」、つまり宇宙の偉大さを知り、その真理を体得し、宇宙の心である謙虚で誠実なまごころと思いやりの心を持って、良縁のある人に尽力することであった。それには、まず相対的な人の世の価値を超越して、宇宙の道のすばらしさを自得することであった。人たるもの、もし宇宙の生命の道を悟ることができたら、いつ人生の終わりを迎えてもよい。道を知って、この世を生きる。これが孔子の人生哲学であった。

尊大なエリートがやってきて「いまの会社が自分を評価してくれない、だからどこか他の職場を探したい」と、ゲッソリやせた顔でやってきた。わたしは、こう答える。「転職する前に、考えなくてはならないことがある。きみの苦しみは、会社の評価と自分の評価が違うだけじゃないのかな。会社ではきみへの評価を正しいと思っている。でもきみは正しくないと思っている。転職したところで『自己評価』と『他人評価』のギャップを超越しないと、悩みは尽きないね」……と。

天道には、相対の評価はなく、絶対無欠だ。もっと、世の中の相対の評価を超越して絶対宇宙の世界に自由に生きたい。

# 100 まわりの人を「師」とする

## ──「三人行なえば必ず我が師有り」(述而)

### ◆「人のふり見て我がふり直す」生き方

「三人行なえば必ず我が師有り」──自分も含めて三人で行動する場合、他の二人から見習うべきものが必ずあるものだ、と孔子はいっている。

孔子は、続けてこう語っている。まずは、「其の善なる者を択《えら》びて之に従う」。二人のうち、言葉づかいや考え方や品性のよい人を選んで、その人のいい点をよく見習うようにする。

次に、「其の不善なる者にして之を改む」。もう一人のよくない人を見たら、自分にも、かれと同じような悪い点がないかを反省して、自分の欠点を改めるようにする。

ここで注意しなくてはいけないことは、「不善なる者にして、之を改む」といっても、不善なる人に対して、「あなたは、こういう点が悪いから、改めなさい」といって、相手の欠点を改善しようとするのではないということだ。相手の悪い点をいちいち指摘し、それを改善しようとすれば、相手もいつまでも黙ってはいられなくなる。「ちょっと待って。いちいちうるさいことをいわないでおくれよ。きみは悪いといってぼくに文句をつけるが、ぼくは、心からよいと思ってやっているんだ。よいとか悪いとかは、その人その人で違ってもいいのではないか。あまり、ぼくの言動に干渉しないでほしい」と、そんないい合いにでもなったら、三人で仲よく協力できなくなる。

孔子がいっているのは、悪い点を見つけたら、自分にも、それと同じような悪い点がないかを内省し、もしあったら、自分の欠点を改善していく、ということだ。

我が国のことわざにも「人のふり見て我がふり直せ」とある。他人の行動の善悪を見て、よい点はよく真似て、悪い点は自分のこととして、自分の行為を反省し改めよ……と。

そうすれば、善い人も悪い人も師となる。「人皆我が師なり」である。

本書は、小社より刊行された『今すぐ使える！　やさしい「論語」』を、文庫収録にあたり改題したものです。

境野勝悟（さかいの・かつのり）

　1932年、横浜生まれ。円覚寺龍隠庵会首。早稲田大学教育学部国語国文学科卒。私立栄光学園で18年教鞭をとる。在職中、参禅、茶道を専修するかたわら、イギリス、フランス、ドイツなど西欧諸国の教育事情を視察、わが国の教育と比較研究を重ねる。

　1973年、神奈川県大磯にこころの塾「道塾」を開設。

　1975年、駒澤大学大学院・禅学特殊研究科博士課程修了。各地で講演会を開催。経営者、ビジネスマンから主婦層に至るまで幅広く人気がある。

　著書に、ベストセラー『道元「禅」の言葉』をはじめ、『超訳 般若心経〝すべて〟の悩みが小さく見えてくる』『老子・荘子の言葉100選』『心がスーッと晴れる一日禅語』（以上、三笠書房《知的生きかた文庫》）など多数がある。

知的生きかた文庫

〝迷《まよ》わない心《こころ》〟をつくる論語《ろんご》100選《せん》

著　者　境野勝悟《さかいのかつのり》
発行者　押鐘太陽
発行所　株式会社三笠書房
〒一〇二―〇〇七二　東京都千代田区飯田橋三―三―一
電話〇三―五二二六―五七三四〈営業部〉
　　〇三―五二二六―五七三一〈編集部〉
http://www.mikasashobo.co.jp
印刷　誠宏印刷
製本　若林製本工場

ISBN978-4-8379-8187-9 C0130